INHALT

> SZENE

S. 12–15: Trends, Entdeckungen, Hotspots! Was wann wo in den Südstaaten los ist, verrät der MARCO POLO Szeneautor vor Ort

> 24 STUNDEN

S. 104/105: Action pur und einmalige Erlebnisse in 24 Stunden! MARCO POLO hat für Sie einen außergewöhnlichen Tag in und um New Orleans zusammengestellt

> LOW BUDGET

Viel erleben für wenig Geld! Wo Sie zu kleinen Preisen etwas Besonderes genießen und tolle Schnäppchen machen können:

Schlafen wie in alten Zeiten S. 41 | Problemlos Parken in Savannah S. 51 | Spezialitätenküche für wenig Geld S. 78 | Günstig übernachten im French Quarter S. 92

> GUT ZU WISSEN

Was war wann? S. 10 | Spezialitäten S. 26 | Jenseits von Amerika S. 38 | Bücher & Filme S. 59 | Howdy? Gee, whiz! S. 72 | Cajuns S. 86 | Blogs & Podcasts S. 95

AUF DEM TITEL
Spaziergang in das Herz des Alten Südens S. 62
Jazz auf der Creole Queen S. 98

ENTDECKEN SIE DIESE STAATEN!

Unsere Top 15 führen Sie an die traumhaftesten Orte und
zu den spannendsten Sehenswürdigkeiten

Die Highlights sind in der Karte auf dem hinteren Umschlag eingetragen

⭐ 1 Great Smoky Mountains National Park

Die Besuchermassen hinter sich lassen, den Rucksack schultern und auf gut präparierten Wanderwegen zu unvergesslichen Aussichten hiken (Seite 35)

⭐ 2 Fort Sumter National Monument

Ein amerikanisches Monument macht verständlich, was es mit Nord und Süd auf sich hat (Seite 39)

⭐ 3 Chattooga River

Mit großen Gummiflößen durch tiefe Schluchten sausen (Seite 44)

⭐ 4 Outer Banks

Strandspaziergänge im pastellfarbenen Nachmittagslicht und der fotogenste Leuchtturm der Ostküste (Seite 44)

⭐ 5 Georgia Aquarium

Das größte Aquarium der Welt in Atlanta definiert das Wort „Superlativ" neu: 100 000 Meeresbewohner leben hier in 40 Mio. Liter Salzwasser (Seite 49)

⭐ 6 Martin Luther King jr. National Historic Site

Nehmen Sie an einem Wochenendgottesdienst in der Ebenezer Baptist Church teil; hier können Sie den Spirit des schwarzen Atlanta spüren (Seite 49)

⭐ 7 Key West

Am südlichsten Punkt der Vereinigten Staaten von Amerika geht die Sonne besonders spektakulär unter (Seite 54)

> DIE BESTEN MARCO POLO HIGHLIGHTS

WAS FÜR EINE REGION!

Mississippi-Dampfer in New Orleans

AUFTAKT

> Was fällt einem nicht alles ein zum tiefen Süden! Schwüle Nächte auf weitläufigen Veranden. Scarlett O'Hara und Rhett Butler. Martin Luther King jr. Blues, Jazz, Mardi Gras. Und der Mississippi natürlich, der Ol' Man River. So viel Romantik, so viel Schönheit! Und, ja leider, so viel Leid! Die Südstaaten haben viel gesehen, viel ertragen. Und sind doch immer wieder, dem Phönix gleich, noch schöner als zuvor der Asche entstiegen. Ihre Vielfalt, kulturell und landschaftlich, ist überwältigend. Und ihrem trägen Charme erliegt man nur allzu leicht. Vor allem auf einer Veranda. In der Hitze der von Magnolienduft geschwängerten Nacht.

> Was ist bloß aus Scarlett O'Hara geworden? "A pickup truck is her limousine, and her favorite dress is her faded blue jeans", besingt Country-Megastar Garth Brooks die *southern belle* von heute. Das verwöhnte Biest aus "Vom Winde verweht" würde sich, hätte es wirklich gelebt, im Grab umdrehen: Die modernen Schwestern haben mit ihr nichts mehr gemein. Sie haben ihr Korsett gegen Schlabberklamotten eingetauscht. Sie sind finanziell unabhängig und bei Wahlen eine umworbene Zielgruppe. Sie heiraten auch nicht mehr den Nachbarsjungen, mit dem sie aufgewachsen sind. Erst kommt der Spaß. Und zwar in verwaschenen Jeans und *pickup trucks.*

Times have changed: Seit er den Bürgerkrieg verlor, erlebt der Süden einen bis heute anhaltenden Wandel. Alte Klischees und Stereotype werden den Reisenden daher entweder nicht oder in abgewandelter Form begegnen. Beispielsweise hat sich das Verhältnis zwischen Weiß und Schwarz zwar noch nicht normalisiert, aber doch weitgehend entschärft. Und Georgia und die Carolinas, lange von Schwindsucht geplagt, erleben heute einen Zuzug junger Fachkräfte aus anderen Teilen der USA. Amerikas koservativer und scheinbar abgelegener Old South hat zu Mainstream-Amerika aufgeschlossen. Verabschiedet von der Vergangenheit hat er sich jedoch nicht. Er ist nach wie vor der viel besungene, alte Charmeur.

> Die Schatten der Vergangenheit sind kürzer geworden

Savannah steht weiterhin für Eleganz und klassische Südstaatenidylle. Aus den Kneipen im French Quarter quillt noch immer Dixieland und Cajunmusik. Die *southern mansions* locken weiterhin "Vom Winde verweht"-Romantiker. Und über allem liegt noch immer jene schwüle, vom Duft der Magnolien und Hibisken

In den bunten Strandhäusern spiegelt sich der Charme des Alten Südens wider

geschwängerte Hitze, in der Norman Jewison 1967 seinen Krimi „In der Hitze der Nacht" ansiedelte. Unvergessen die Szene, in der Redneck-Sheriff Gillespie (Rod Steiger) den Vornamen seines Partners Virgil Tibbs (Sidney Poitier) als ungewöhnlich für „Niggerboys" bezeichnet und sich gehässig bei Tibbs erkundigt, wie man ihn daheim in Philadelphia nenne. Dessen Retourkutsche kommt postwendend: „They call me Mr. Tibbs!"

Seit 1967 sind die Schatten der Vergangenheit – Sklaverei, Ku-Klux-Klan und Rassentrennung – kürzer geworden. In Luft aufgelöst haben sie sich nicht. Jüngstes Beispiel: Sechs schwarze Teenager im Städtchen Jena in Louisiana, die Ende 2006 einen weißen Schulkameraden verprügelten und dafür wegen versuchten Totschlags angeklagt wurden. Der Fall entfachte landesweiten Protest: Die Anklage, hieß es, sei

überzogen und rassistisch gefärbt, da in ähnlichen Fällen, bei denen die Opfer schwarze Schüler gewesen waren, die weißen Missetäter mit Verwarnungen davon gekommen seien. Am 20. September 2007 marschierten schließlich fast 20 000 Demonstranten durch das 3000-Einwohner-Städtchen – die größte Demonstration für Bürgerrechte seit vielen Jahren. Zugleich hat der Süden bemerkenswerte Erfolge auf der Habenseite. Es gibt schwarze Gouverneure, Bürgermeister und Richter. Schwarze Frauen wurden Polizeipräsidentinnen und Senatorinnen.

> **> Die meisten Dialekte der USA sind hier zu Hause**

Der Abschied von der Vergangenheit begann 1865, im Jahr der Niederlage der Südstaaten. Die Zeit der rauschenden Bälle war vorüber. Aus und vorbei war auch die Zeit maßgeblicher Mitsprache in Washington. Bis Abraham Lincoln hatte der Süden jede Menge Präsidenten gestellt – von Lincoln bis Lyndon B. Johnson dagegen nur einen einzigen.

Der nach Kriegsende hereinbrechende Wandel erfolgte in zwei großen Wellen. Die erste hieß *reconstruction* und suchte eine ganze Gesellschaft quasi über Nacht umzukrempeln: Die Beziehungen zwischen Herren und Sklaven, Klassen und Rassen, Bürger und Staat wurden neu definiert - ein traumatischer Prozess, der Gleichberechtigung forderte, letztlich aber den alten Paternalismus in offenen Rassismus

WAS WAR WANN?

1492 Christoph Kolumbus entdeckt Amerika

1565 Die Spanier gründen St. Augustine, die älteste Stadt der USA

1775–83 Unabhängigkeitskrieg

4. 7. 1776 Unabhängigkeitserklärung; zu den Unterzeichnern gehören Georgia und die Carolinas

1789 George Washington wird erster Präsident der USA

1803 Louisiana Purchase: Für 15 Mio. Dollar kaufen die USA das Louisiana Territory von Frankreich

1860/61 1860 verlässt South Carolina die Union, Florida, Georgia, Mississippi, Texas, Alabama und Louisiana folgen und rufen die Konföderierten Staaten von Amerika aus

1861–65 Bürgerkrieg; 1865 siegt der Norden

1961 Die Wahl John F. Kennedys zum US-Präsidenten beschleunigt die Rassenintegration im Süden

1968 Ermordung des Bürgerrechtlers Martin Luther King jr.

1993 Mit Bill Clinton (Arkansas) und Al Gore (Tennessee) erstmals zwei Südstaatler in den beiden höchsten Ämtern des Landes

2000 Die umstrittenen Florida-Stimmen entscheiden die Präsidentschaftswahlen zugunsten von George W. Bush

2005 Hurrikan „Katrina" verwüstet New Orleans

2008 Barack Obama setzt sich gegen Hillary Clinton durch und wird Präsidentschaftskandidat der Demokraten

umschlagen ließ, die wirtschaftliche Gesundung lähmte und die Rassentrennung im Süden mit Hilfe der berüchtigten Jim-Crow-Gesetze zementierte. Die zweite hieß *civil rights movement.* Sie begann 1954 mit dem Beschluss des US Supreme Court, die Rassentrennung an öffentlichen Schulen aufzuheben. Die Südstaaten waren dagegen und erlebten bis 1965, dem Jahr der Einführung des Wahlrechts für Schwarze, Protestmärsche, Sit-Ins und, oft blutige, Demonstrationen. Aber die starben, darunter der Führer der Bürgerrechtsbewegung, Martin Luther King jr., starben nicht umsonst: Wurden 1965 noch ganze 300 Schwarze landesweit in öffentliche Ämter gewählt, waren es 40 Jahre später bereits über 3000 allein im Süden. Damit ist der New South so nah wie nie davor, Realität zu werden.

Die Besucher können von alledem nur profitieren: Die Vielfalt des Südens ist schlechthin überwältigend. Die meisten Dialekte der USA sind hier zu Hause. Der ethnische Mix reicht von den von afrikanischen Sklaven abstammenden Gullah auf den Barrier Islands bis zu den noch immer französisch sprechenden Cajuns, den Nachfahren akadischer Siedler aus Neu-Schottland. Bluegrass, Blues und Dixieland, Rock and Roll, Southern Rock und Country Music traten von Memphis, Nashville und New Orleans aus ihre Siegeszüge an. Hier gibt es die höchsten Berge des Ostens, die schönsten botanischen Gärten und die besten Strände der Nation – und die schärfsten Kontraste. Hier Cape

Canaveral und das US Space Center von Huntsville, dort religiöser Fun-

> **Was ist noch übrig vom Alten Süden?**

damentalismus und Aberglaube jeglicher Art.

Wandel überdauert. Herren halten Damen die Tür auf – die Yankees, sagen sie, kriegten das erst in teuren Benimmkursen eingebleut. Südstaatler lächeln mehr und halten Augenkontakt – was in New York bereits als sexuelle Nötigung gedeutet wird. Endlich ist da auch noch die legendäre Gastfreundschaft, die *southern*

Go Swamp: Auch Sumpflandschaften machen den Alten Süden aus

Was sonst ist noch übrig vom Alten Süden? Anders als der erfolgsorientierte Yankee, der sich zuerst nach dem Beruf und dem College erkundigt, das man besucht hat, beginnt der *southerner* ein Gespräch gern mit der Frage nach der Kirchenzugehörigkeit. Auch die altmodische Ritterlichkeit der Südstaatler hat den

hospitality. Südstaatler haben immer Lust auf einen netten Abend mit Barbecue und scharf gewürzter *southern cuisine.* Einladungen zu solchen *Cook-Outs* sollten Sie unbedingt annehmen. Nur eines gilt es zu bedenken: Dies ist Coca-Cola-Land. Wer da eine Pepsi bestellt, erntet Stirnrunzeln.

▶▶ TREND GUIDE SÜDSTAATEN

Die heißesten Entdeckungen und Hotspots! Unser Szene-Scout zeigt Ihnen, was angesagt ist

Aynsley Fein LeBlanc

kennt die Südstaaten wie ihre Westentasche. Sie liebt die vielfältige Restaurantkultur, die schicken Spas und die Livemusik. Als Eventmanagerin für das *Court of Two Sisters Restaurant* in New Orleans gehört es zu ihrem Job, immer up to date zu sein, was die neuesten Trends betrifft. Der Lieblingsort unseres Szene-Scouts? Ganz klar, New Orleans – wegen des Mix aus Südstaatencharme und hipper Szene.

▶▶ UNIQUE HOTELS

Schön, schräg und ungewöhnlich

Im Süden übernachtet man mit Stil und höchst individuell. Je ausgefallener, desto besser – auch Promis stehen auf den Trend. Wer Auge in Auge mit einem Papageienfisch aufwachen möchte, ist in *Jules' Undersea Lodge* richtig. Bevor es sich die Gäste in zwei Schlafkabinen plus Wohnzimmer gemütlich machen können, müssen sie die 10 m zum Hotel hinabtauchen – Steve Tyler von Aerosmith war schon da! Zum Abendessen serviert ein tauchender Koch Filet Mignon oder Hummer (*Key Largo Undersea Park, Key Largo, FL, www.jul.com, Foto*). In einem restaurierten historischen Bahnhof ist das *Union Station Hotel* untergebracht. Die pompöse Bahnhofshalle wird heute als Lobby genutzt (*1001 Broadway, Nashville, TN, www.unionstationhotelnashville.com*). Es lebe der King! Im *Heartbreak Hotel* in Memphis übernachtet man im Elvis-Ambiente: schrill, bunt und nicht nur für Fans ein Erlebnis (*3677 Elvis Presley Boulevard, Memphis, TN, www.elvis.com/epheartbreakhotel*).

SZENE

▶▶ KLEIN UND FEIN

Cupcake Craze

Der Trend aus New York hat die Südstaaten erreicht. Jeder steht hier auf die stylishen Minitörtchen. Kein Wunder, dass die Cupcake-Bakeries nur so aus dem Boden schießen. Bei *Sweet Pockets*, Atlantas erstem Cupcake-Store, tragen die kleinen Kuchen Namen wie Lemon Sunshine und Happy Monkey. Die Inhaberin findet ihre süßen Kreationen so toll, dass sie sogar ein Cupcake-Bingo veranstaltet *(660 Irwin Street SE, www.sweet-pockets.com)*. Auch *Fresh Cupcakes* backt die Törtchen mit bunten Baisertürmchen und kunstvollen Verzierungen ohne Pause *(433 King Street,* Charleston, NC, *www.freshcupcakes.com)*. Auf Anruf liefert *Dots Treats* in North Miami Beach Gourmet-Cupcakes oder Kreationen mit Mottodeko wie Mini-Stethoskop oder Stilettos *(Tel. 305/778 20 31, http://dotstreats.blogspot.com)*.

▶▶ FASHION CO-OPS

Der Nachwuchs kommt!

Zahlreiche Boutiquen und Initiativen bieten dem Designernachwuchs eine Plattform. Bei *Fleur* gibt es einen Mix aus zeitgenössischer Mode von Newcomern und bekannten Designern. Auch der Shop selbst ist ein Design-Highlight: ganz puristisch in Weiß *(419 A Daniels Street, Raleigh, NC, www.fleur-boutique.com)*. In ihrem Lifestyle-Store verkauft Modedesignerin und DJane Nektar de Stagni mit ihrem Freund, dem Künstler Martin Oppel, neben eigenen Kreationen auch Schmuck, Kunst und T-Shirts von lokalen Talenten *(155 NE 38th Street., Miami, FL, www.nektardestagni.com,* Foto*)*. Im *Beehive Co-op* in Atlanta gibts ausgefallene Produkte, die von lokalen Künstlern und Nachwuchsdesignern entworfen und produziert wurden, z. B. Handtaschen, Kleidung und Schmuck *(1831-A Peachtree Road, Atlanta, GA, www.beehiveco-op.com)*.

EISKALTES ABENTEUER

Trendsport Ice Climbing

Eisklettern ist der Hit: Für den besonderen Kick pilgern die sonnenverwöhnten Südstaatler im Winter nordwärts, um die gefrorenen Wasserfälle mit Pickel und Steigeisen zu erobern. Besonders beliebt: Eisklettern in den Blue Ridge Mountains von North Carolina. Ran an die Eisriesen heißt es in der *Fox Mountain Guides and Climbing School (3228 Asheville Highway, Pisgah Forest, NC, www.foxmountainguides.com)*. Die Guides von *Granit Arches* zeigen Newcomern die Technik und Profis die besten Routen. Das eisige Rendezvous bucht man unter *Tel. 423/413 14 32* oder *www.granitearches.com*

 # GOURMET MARTINIS

Gerührt oder geschüttelt

Specialty Martinis mit ungewöhnlichen Zutaten sind der Renner. In der *Yo Sake Sushi Lounge* gibts die abgefahrensten Mixturen wie Saketini und Gurken-Martini *(33 S Front Street, 2. Stock, Wilmington, NC, www.yosake.com)*. Chocolate Raspberry Martinis schlürft man in der schicken *Rhythm & Flow Ultralounge (2 S. Orange Avenue, Orlando, FL)*. Die Qual der Wahl hat man in der *Blue Monkey Lounge*: Wassermelonen- oder lieber Caramel Apple Martini? *(1318 Cobb Lane, Birmingham, AL, www.bluemonkeylounge.com)*.

 # HOLLYWOOD EAST

Die Filmbranche boomt

North Carolina ist zur drittwichtigsten Location der US-Filmindustrie avanciert. Die *EUE/Screen Gems Studios* sind die größten Produktionsstudios östlich von L.A. Interessierte lassen sich durch die Studios führen *(1223 N. 23rd St., Wilmington, NC, www.screengemsstudios.com)*. Treffpunkt der Szene sind die unzähligen Festivals. Ziel des *Full Frame Documentary Festivals* ist, den Dialog zwischen Filmemachern, Studiobossen und der Öffentlichkeit anzuregen. Hier sieht man auch Stars wie Martin Scorsese oder Michael Moore *(www.fullframefest.org)*. Indie-Fans kommen beim *Cape Fear Independent Film Festival (www.cfifn.org)* und *Cucalorus Film Festival (www.cucalorus.org, Foto)* auf ihre Kosten.

▶▶ ALT TRIFFT NEU

Spas mit Antebellum-Flair

Die neuen Wellnesstempel locken mit Kulissen à la „Vom Winde verweht" und erinnern architektonisch an die Vorbürgerkriegsära. Innen begeistern die Spas mit modernem Ambiente und Treatments vom Feinsten. Place to be für Genießer ist *The Inn at Palmetto Bluff*. Erst im Schaukelstuhl auf der Veranda relaxen, dann in ein luxuriöses Zypressen-Wacholder-Bad tauchen und sich mit pflegender Geranien-Rosen-Body-Butter verwöhnen lassen – mehr Südstaaten-

Flair geht nicht *(476 Mount Pelia Road, Bluffton, SC, www.palmettobluffresort.com)! The Sanctuary at Kiawah Island Golf Resort* wirkt im Antebellum-Look wie eine riesige Plantage. Stilecht entspannen die Rhetts und Scarletts von heute beim erfrischenden Mint Julep Facial *(1 Sanctuary Beach Drive, Kiawah Island, SC, www.kiawahresort.com, Foto)*.

▶▶ YOUNG MODERN ART

Frischekur für die Kunstszene

Kreative begeistern mit neuen Konzepten und Kunstprojekten. Vor allem die Jungstars machen von sich reden. Bei *Shopscad*, dem coolen Gallery-Store der Studenten des *Savannah College of Art and Design*, gibts ausgefallenes Wohndesign,

Kunst und Kleidung bis hin zu trendigen Karten und Briefpapier *(340 Bull Street, Savannah, GA, www.shopscadonline.com)*. *Get This! Gallery* ist Studio und Galerie in einem und zeigt moderne Kunst von aufstrebenden Talenten *(322 Peters Street, Unit 2, Atlanta, GA, www.getthisgallery.com, Foto)*. Die *Branch Gallery* fördert Newcomer, indem sie deren Ausstellungen zeitgleich mit der eines etablierten Künstlers stattfinden lässt *(401c Foster Street, Durham, NC, www.branchgallery.com)*. Auch *Gil Art Gallery* promotet Malerei, Videokunst und Installationen *(2320 N Miami Avenue, Miami, FL, www.gilartgallery.com)*.

> VON ANTEBELLUM BIS YANKEE

Steckbrief des Südens: Gesellschaft, Kultur und Subkultur

ANTEBELLUM

Häufig zu lesender Begriff (lat. „vor dem Krieg") für die Blütezeit der Südstaaten während der ersten Hälfte des 19. Jhs. Alabama, Georgia, Mississippi, Louisiana und die Carolinas lebten fast ausschließlich von Tabak und Baumwolle. Sklavenarbeit schuf die Basis für eine aristokratisch geprägte, Pracht liebende Pflanzerkultur, die mit den herrlichen *southern mansions* ihre eindrucksvollste Visitenkarte hinterlassen hat. Später half Hollywood mit Filmen wie „Vom Winde verweht" (1937) der Mythenbildung nach: Die Südstaatlerinnen waren fortan entweder kokette *southern belles* oder traurig-tragische Heilige, während die Herren ungestüme Hitzköpfe oder willensschwache Idealisten gaben. Den Schwarzen überließ Hollywood die Rolle der loyalen, gehorsamen Sklaven.

Bild: Atlantis Building in Miami

STICH WORTE

BIBLE BELT

„God is like alka seltzer – he's such a relief". Die Kirchen des Südens buhlen mit einfallsreichen Slogans am Straßenrand um Schäflein. Die sind für das Allheilmittel namens Gott durchaus empfänglich: Im sogenannten Bible Belt (Bibelgürtel), der sich von Lynchburg im Süden Virginias aus in südwestlicher Richtung quer durch den Süden zieht, gehört der Kirchgang am Sonntag ebenso zum Alltag wie die Sonntagsschule. Zeichen für Reisende, dass sie sich im Land der Frommen befinden: Das Autoradio bringt verstärkt *Christian Rock* mit frommen Texten und Predigten beliebter Evangelisten. Allerdings, selbst in *God's own country* ist nicht alles in Ordnung: Der Bible Belt weist nach dem Scheidungsparadies Nevada die höchste Scheidungsrate der USA auf. Experten machen nicht nur das niedrigere Durchschnittseinkommen im Süden und die Neigung zu früher Heirat dafür verantwortlich, sondern auch die Religion. Danach werde der Bible Belt von protestantischen Fundamentalisten beherrscht, die zwar das heilige Sakrament der Ehe predigen, zugleich jedoch, anders als die im Norden stärkere katholische Kirche, geschiedene Gläubige nicht durch scheidungsfeindliche Rhetorik entfremden. Vielleicht ist es aber auch nur die von solch strengem Regime angestachelte Lust an der Sünde.

CIVIL RIGHTS MOVEMENT

In den 1950er-Jahren wurde die amerikanische Gesellschaft von einem seit dem Ende des Bürgerkriegs vertagten Problem eingeholt: der Gleichstellung der Rassen. 1863 hatte Präsident Abraham Lincoln die Sklaven in den Südstaaten für frei erklärt, aber die berüchtigten Jim-Crow-Gesetze, von mehreren Südstaaten erlassene, restriktive Verordnungen, bewirkten alsbald deren neuerliche Entrechtung. 1896 zementierte der Supreme Court die illegale, aber tagtäglich praktizierte Rassentrennung im öffentlichen Leben mit der Formel *separate but equal.* Im Alltag sorgten der Ku-Klux-Klan, aber auch einfache Bürger durch Einschüchterung und Terror für ihre Durchsetzung. Das Jahr 1954 markierte die Wende. Am 17. Mai beschloss der Supreme Court die Aufhebung der Rassentrennung an allen öffentlichen Schulen. Viele Schulen jedoch missachteten den Spruch: 1960 hatten erst 765 der 6676 Schul-

Der sonntägliche Kirchgang gehört zum Alltag: Gottesdienst in einer Kirche in Atlanta

bezirke im Süden die Rassentrennung aufgehoben. Am 1. Dezember 1955 wurde in Montgomery (Alabama) Rosa Parks verhaftet, weil sie sich geweigert hatte, ihren Platz im Bus für einen Weißen zu räumen. Der folgende Boykott aller rassistischen Busgesellschaften gilt als Beginn der Bürgerrechtsbewegung.

HURRIKANS

Die Indianer nannten sie *Huracan*. Bis heute sind die Hurrikans die Geißel der Karibik. Von Juni bis November, während der *hurricane season,* halten sie Florida und die Karibik in Atem. Mit Drehgeschwindigkeiten bis zu 300 km/h fegen diese Wirbelstürme dann über Inseln und Städte und hinterlassen eine Spur der Verwüstung. 2004 ging als besonders schlimmes Hurrikanjahr in die Anna-

len ein: Die dicht aufeinander folgenden Wirbelstürme *Charley, Frances, Ivan* und *Jeanne* töteten in der Karibik mehrere Dutzend Menschen, veranlassten in Florida 3 Mio. Menschen zur Flucht und verursachten dort anschließend Schäden in Milliardenhöhe. Die Aussicht, während des Floridaaufenthalts von einem Hurrikan überrascht zu werden, ist jedoch höchst gering. Das amerikanische Vorwarnsystem funktioniert ausgezeichnet, und – im Falle eines Falles – Evakuierungsrouten sind vorbildlich ausgeschildert.

JIM CROW LAWS

Von den 1880er- bis in die 1960er-Jahre setzten nicht nur in den Südstaaten, sondern u.a. auch in North Dakota und Wyoming die Jim-Crow-Gesetze die Rassentrennung durch. Benannt nach einer Figur in den damals populären Minstrel Shows (Gesang- und Tanzdarbietungen fahrender afroamerikanischer Künstler), sahen sie Strafen für jeden vor, der mit Personen anderer Hautfarbe verkehrte. Am weitesten verbreitet waren das Heiratsverbot zwischen den Rassen und Rassenschranken in öffentlichen Einrichtungen und Geschäften.

KU-KLUX-KLAN

Brennende Kreuze, verängstigte schwarze Familien, berittene Kapuzenmänner: Die rassistische Geheimorganisation Ku-Klux-Klan (KKK) war lange das Kreuz des Südens. Konföderierte Veteranen, verärgert über die Gleichstellung der Schwarzen, gründeten den KKK nach Kriegsende in Pulaski (Tennessee). Seine Mitglieder bedrohten und ermordeten Schwarze und ihre weißen Sympathisanten mit dem Ziel, die USA weiß zu halten. Hierarchisch organisiert, stand an der Spitze der *Grand Wizard,* oft ein einflussreicher Vertreter der weißen Oberschicht. Seine Blütezeit erlebte der KKK in den 1920er-Jahren: Die Depression ließ seine Mitgliederzahl auf 3 Mio. klettern. Juden, Katholiken und Einwanderer gerieten ebenfalls in sein Visier. Vorübergehend verstummt, erlebte der Klan nach dem Zweiten Weltkrieg eine Renaissance: Angesichts der Bürgerrechtsbewegung mordete ervor allem in Mississippi und Alabama. Trauriger Höhepunkt: Die Ermordung dreier Bürgerrechtler in Mississippi und das Bombenattentat auf eine Kirche in Birmingham (Alabama). Viele Rädelsführer wanderten damals hinter Gitter. Heute hat der Klan seine Taktik geändert: Statt Krawalle anzuzetteln, verbreiten seine Mitglieder die White-Power-Botschaft nun als seriöse Geschäftsleute und Politiker und via Internet.

MINT JULEP

Der Longdrink des Südens! Die Zutaten: 1 cl Zuckersirup, 5 cl Bourbon Whiskey, 12 cl Eiswasser und frische Minze. Die Minzzweige und den Zuckersirup in einem Longdrinkglas gut ausdrücken, damit das Minzaroma freigesetzt wird. Das Glas mit zerstampftem Eis füllen, den Bourbon dazugeben und umrühren. Zum Schluss einen Zweig frische Minze in das Glas stellen.

NEW SOUTH

Oft zu hörendes Schlagwort, das die Wiederauferstehung des Südens beschreibt. Erstmals während der Phase der *reconstruction* nach dem Ende des Bürgerkriegs benutzt, kommt es 140 Jahre später in die Nähe seiner ursprünglichen Vision. Politisch und wirschaftlich mischt der *New South* in Washington und New York wieder mit. Die Präsidenten der letzten Jahrzehnte – Jimmy Carter, Bill Clinton, beide Bushs – stammen aus dem Süden. Die modernen Skylines von Atlanta, Charlotte und Raleigh signalisieren Fortschrittlichkeit: Tabak, Baumwolle und Landwirtschaft sind nicht länger die einzigen Devisenbringer, die Wirtschaft hat erfolgreich diversifiziert und besitzt vor allem in Georgia eine boomende verarbeitende Industrie. Florida gilt als Urlauberparadies schlechthin. Nur umweltpolitisch hinkt der Süden noch hinterher: Weder das Waldsterben in den Appalachen noch die Armada Chemikalien transportierender Containerschiffe vor den Küsten konnte bislang genug politischen Druck auf die Verantwortlichen erzeugen.

REDNECK

Ursprünglich die Bezeichnung für den armen Weißen des ländlichen Südens, dem besonders die Städter der weltoffenen Ostküste Unwissenheit, Rassismus und einen latenten Hang zur Gewalttätigkeit unterstellten. Woher die Bezeichnung stammt, ist umstritten, doch hat sie bereits um 1900 einen negativen Beigeschmack.

Die modernen Rednecks dagegen weisen jede Verbindung zum Rassismus entschieden von sich. Proletarier sind sie indes geblieben, und darauf sind sie stolz. Sie lieben Country Music, Dosenbier, Kautabak, Angeln und Jagen, Cowboystiefel, Jeans und *pickup trucks.* Und sie heißen Billy-Bob oder Bobby-Jack und leben mindestens zwei Meilen von der nächsten asphaltierten Straße entfernt: Die im Süden kursierenden Redneckwitze sind Legion *(www.ahajokes. com).*

STEEL MAGNOLIA

Liebe- und respektvolle Bezeichnung für das neue Idealbild der Frauen im Süden. Als „Magnolie aus Stahl" sind sie kultiviert, anmutig und gebildet, besitzen zugleich aber auch einen eisernen Willen. Sie hängen nicht länger als hübsche, aber naivbeschränkte *southern belles* am Arm ihres Kavaliers, sondern haben eigene Vorstellungen von ihrer Zukunft. Hoch angesehene Steel Magnolias: die Countrysängerin und knallharte Geschäftsfrau Dolly Parton aus Tennessee und die frühere First Lady Rosalynn Carter aus Georgia, die als Beraterin ihres Manns Jimmy die Politik der USA entscheidend mitgestaltete.

YANKEE

Im Süden häufig zu hörende Bezeichnung für jeden, der aus dem Norden – sprich: der alten Union – stammt. In der Regel abgrenzend, mitleidvoll und/oder abschätzig benutzt. Ein typischer Yankee, sagen die Südstaatler, hat keine Manieren, versteht nichts von Frauen, denkt nur an Geld und seine Arbeit und ist schlicht und einfach ein Langweiler. Wo die Bezeichnung ihren Ursprung hat, darüber gibt es so viele Theorien wie Kneipen in New Orleans. Die meistzitierte Ansicht: Der Begriff stammt von den Holländern in New York, die im 17. Jh. ihre englischen Siedlerkollegen in Connecticut als „Jan Kaas" bezeichneten.

HÖHEPUNKT IST DER MARDI GRAS

Der Weg zur Seele des Alten Südens führt über seine Feste

> Der liebe Gott meinte es gut mit den Südstaatlern: Sie dürfen so richtig über die Stränge schlagen. Während der Rest des (meist protestantischen) Landes sich bei Rodeos und Country Fairs, den traditionellen Festivitäten Amerikas, bestenfalls amüsiert, verwandelt der Karneval in den katholischen Hochburgen New Orleans und Miami ganze Viertel alljährlich in brodelnde Hexenkessel. Mit Bluegrass, Blues, Jazz und Cajun feiert sich der Süden zudem auf Hunderten von Musikveranstaltungen.

■ OFFIZIELLE FEIERTAGE ■

1. Jan. *New Year's Day (Neujahr);* **3. Montag im Januar** *Martin Luther King jr. Day;* **3. Montag im Februar** *President's Day;* **Letzter Montag im Mai** *Memorial Day;* **4. Juli** *Independence Day;* **1. Montag im September** *Labor Day;* **2. Montag im Oktober** *Columbus Day;* **11. Nov.** *Veterans Day;* **4. Donnerstag im November** *Thanksgiving;* **24./25. Dez.** *Christmas Eve and Day*

■ FESTE ■

Januar

Das *Grand American Coon Hunt* in Orangeburg (South Carolina) zeigt Amerikas beste Jagdhunde bei der Waschbärenjagd.
In Miami bildet das achttägige *Orange Bowl Festival* mit Paraden und Konzerten den Höhepunkt der Footballsaison.

Februar

Black History Month im gesamten Süden, mit Openairkonzerten, Gedenk- und Theaterveranstaltungen;
Daytona 500, das legendäre Stockcar-Rennen in Daytona
Vierte Woche: ★ *Mardi Gras* in New Orleans, berühmtester Karneval in Nordamerika. Bunte Mardi-Gras-Events auch in Mobile, Biloxi und Natchez

März

Zweite bis dritte Woche: In Greensboro (North Carolina) spielen 400 „echte" Rebellen und Engländer die Schlacht von Guilford Courthouse nach.

Aktuelle Events weltweit auf www.marcopolo.de/events

> EVENTS
FESTE & MEHR

Dritte Woche: Amerikaner irischer Abstammung feiern in Savannah einen der größten *St.-Patrick's-Day-Umzüge* in den USA.

April
Vierte Woche: Cajun Music total auf dem *Festival International de la Louisiane* in Lafayette

April/Mai
Jazz, Blues, Rock auf dem *New Orleans Jazz and Heritage Festival*

Mai/Juni
Internationales Meeting der Drachenflieger beim *Hang Gliding Spectacular* in Nags Head (South Carolina); *Spoleto Festival USA* in Charleston, eines der größten Theaterfestivals der Welt

Juni
Mitte Juni: Zur *International Country Music Fair* treffen sich die Top Acts des Genres in Nashville, Tennessee.

August
Erste bis vierte Woche: Bluegrass und Folk aus allen Teilen der USA auf dem *Mountain Dance and Folk Festival* in Asheville;
Mitte August: Stelldichein der Rock-and-Roll-Legenden während der *Elvis International Tribute Week* in Memphis

September
Erste Woche: In Plaisance (Louisiana) feiern die schwarzen Cajuns auf dem *Zydeco Music Festival* ihre Kultur.

Oktober
In vielen Gemeinden wird das deutsche *Oktoberfest* gefeiert – mit *Oompah Music*.

Dezember
Christmas in den Subtropen als farbenfrohes Spektakel mit Plastiktannenbäumen und Kunstschnee. Highlights sind das ⭐ *Creole Christmas* in New Orleans und das ⭐ *Festival of Lights* in Natchitoches (Louisiana).

> OKRA, SHRIMPS UND BARBECUE

Dass Amerikaner nicht kochen können,
ist ein Gerücht – im Süden toben sie sich so richtig aus

> **Unterwegs im Süden befällt einen mitunter geografische Amnesie: In Miami sprechen die Südstaatler meistens Spanisch und in Louisiana auch mal Französisch. Auf den Barrier Islands vor South Carolina wird sogar Gullah gesprochen, ein Idiom, das dem Lingo in Sierra Leone näher steht als dem Amerikanischen.**

Aber keine Sorge: Sie sind noch immer in Amerika, Sie brauchen sich nur ein wenig umzuschauen. Denn der Süden hat nicht zuletzt auch kulinarisch zum Rest des Landes aufgeschlossen. Die Schnellrestaurants der Fastfoodketten wuchern selbst im hintersten Winkel der Appalachen. Auch die *Family Restaurants,* erkennbar an ihren unübersehbar am Straßenrand angebrachten 5.99-$-Preisen, haben nur eine Mission: den Hunger preiswert zu bekämpfen. Steaks, Sandwiches, Hamburger, *chicken* und Pizza, dazu *french fries* und Salate mit *french, blue cheese* oder

> *www.marcopolo.de/usa-sued*

ESSEN & TRINKEN

thousand islands dressing: Schon bald verlangt der betäubte Gaumen nach Abwechslung. Dass die Fahrt durch den Süden nicht zur Cholesterinorgie gerät, dafür sorgen die regionalen Küchen, vereint unter der Bezeichnung *southern cuisine.*

Im Lowcountry, dem Küstentiefland um Charleston, haben tropische Temperaturen, afrikanische Einflüsse sowie Reis und Meeresfrüchte im Überfluss die *lowland cuisine* hervorgebracht. Diese verwendet Hummer, Krabben und Shrimps, kocht, dämpft und dünstet sie und gibt Zwiebeln, Erbsen und Tomaten dazu. Gewürzt wird am liebsten mit Basilikum, Knoblauch, Cayennepfeffer und Tabasco. Die farbenfrohen Namen der Gerichte stammen oft von den Gullah, die als einzige Afroamerikaner die Erinnerung an den Schwarzen Kontinent wach halten konnten.

Verfeinerte Lowcountry-Gerichte begegnen einem inzwischen überall im Süden. Im Trend liegt auch *soul food.* Der Begriff tauchte in den 1960er-Jahren in den Städten auf. Ähnlich wie in der Soulmusik sollte sich auch in ihrem Essen die Seele der Schwarzen widerspiegeln.

Hinsichtlich der Vielfalt bleiben zwei regionale Küchen ungeschlagen: *creole* und *cajun.* Beide entstanden in und um New Orleans, der alten Hafenstadt im Mississippidelta, wo Spanier, Franzosen, akadische Flüchtlinge und Sklaven aus Afrika und der Karibik ihre Spuren hinter-

> SPEZIALITÄTEN
Genießen Sie die typische Südstaatenküche!

■ SPEISEN

Andouille – scharfe Wurst aus Schinken und Knoblauch

Barbecue Shrimp – in der Schale gebackene Garnelen, gegessen mit Butter-Knoblauch-Sauce

Boudin – hausgemachte Wurst aus gewürztem Schweinefleisch, Reis, Kräutern und Zwiebeln

Cajun Popcorn – gebratene und panierte Garnelen oder Krebse

Crawfish Étouffée – gekochte Flusskrebse, angemacht mit Thymian, Tabasco, Cayenne Pfeffer, Sellerie

Fried Grits – Auflauf aus Hafergrütze, veredelt mit allem, was sich gerade in Reichweite befindet

Frogmore Stew – Eintopf mit Rauchenden, Bacon, Shrimps und Mais

Gumbo – herzhafte Reissuppe. Zahllose Variationen, u. a. mit Rindfleisch, Huhn, Wels, *boudin* und *andouille* (Foto)

Hoppin' John – einfaches Reis- und Erbsengericht, einst eine Hauptspeise der Sklaven, heute variiert mit Bacon und Paprika

Jambalaya – Verwandte der spanischen Paella, aber mit Zutaten der einheimischen Küche angereichert

Lobster Savannah – überbackener Hummer in Sherrysauce. High-End-Produkt der hiesigen Küche

Po-Boy – Baguettesandwich, einst das Essen des armen Mannes *(poor boy).* Mit allem belegt, was Louisiana hergibt. Oft erstaunlich luxuriöse Sandwiches

Purloo – Eintopf aus Reis, Huhn und/oder Wild, meist mit Okra, Zwiebeln, Knoblauch, Thymian und Tomaten zubereitet

■ GETRÄNKE

Hand Grenade – Klassiker im French Quarter: 1 Teil Tequila, 3 Teile Johannisbeersaft, *crushed ice*

Hurricane Punch – beliebt im French Quarter von New Orleans: Weißer Rum, Bacardi, Orangensaft, ungesüßter Ananassaft, Grenadine, *crushed ice*

ließen. Die *creole cuisine* begann als Küche der städtischen Oberschicht, die traditionell aus französischen Aristokraten bestand. Die *cajun cuisine* hingegen wurde in den Sümpfen von den aus Nova Scotia (Neu-Schottland) stammenden *Acadiens* (später Cajuns) kreiert. Beide sprachen Französisch, doch in der Küche trennten sie Welten – und das ist bis heute so geblieben. Präsentiert sich die kreolische Küche mit raffinierten Delikatessen wie Rockefelleraustern und Shrimpremoulade, wartet die Cajunküche mit gewürzten Würsten, Reisplatten, Fleisch-, Fisch- und Suppeneintöpfen auf.

Zur *southern* gesellt sich die *ethnic cuisine*, schließlich sind die USA das klassische Einwandererland. Keine Stadt ohne Sushi-Bar, kein Flecken ohne guten Italiener, Mexikaner oder Chinesen. Und was ist mit der amerikanischen Küche? Sie hat Steaks und *baked potatoes* mit *sour creme* hinter sich gelassen und schockiert den Gast aus Europa mit weitläufigen Salatbüfetts, die sogar gegrillten Barsch und blanchierten Brokkoli anbieten. Selbst in der uramerikanischen Cholesterinbastion namens Breakfast hat sie aufgeräumt: So gibt es neben Omeletts, Pancakes, Würstchen, Spiegeleiern mit Bacon und Bratkartoffeln nun auch Müsli, Cornflakes und Joghurt. Und immer öfter sogar richtigen Kaffee! Auch an der zweiten, bislang besonders von Deutschen mit Häme überzogenen Droge wurde gearbeitet: Das amerikanische Dünnbier dominiert zwar noch, doch kann man inzwischen auf immer mehr hervorragende *micro breweries* zurückgrei-

Für den kleinen Hunger: Foodbar in Miami

fen, die hin und wieder sogar nach dem deutschen Reinheitsgebot brauen. Einheimische Weine kommen meist aus Kalifornien und sind längst über jeden Zweifel erhaben.

Bevor Sie sich auf kulinarische Reise begeben, sollten Sie sich die Gepflogenheiten in amerikanischen Restaurants in Erinnerung rufen. So stürmt man nicht auf einen Tisch zu, sondern wartet am Eingang brav auf die Hostess, die einen zum Tisch geleitet. *Wait to be seated* heißt das. Es teilt den auf Trinkgelder angewiesenen Kellnern die gleiche Anzahl Gäste zu. Die Preise in der Speisekarte gelten vor Steuern. Hinzu kommen 25 Prozent an *taxes* (Steuern) und *tip* (Trinkgeld). Für letzteres berechnet man 15 Prozent vor Steuern.

SCHÖNER SHOPPEN

Wie könnte es so schön heißen? Ich shoppe, also bin ich ...

> Seit auch die Amerikaner sparen, kämpfen die riesigen Shopping Malls ums Überleben. Konkurrenz erhalten diese Konsumschleusen auch von den revitalisierten Innenstädten, wo man in persönlicherer Atmosphäre nach Schnäppchen suchen kann. Dabei ist eines sicher: Shopping bleibt die beliebteste Freizeitbeschäftigung der US-Amerikaner!

ANTIQUITÄTEN

Antiquing, die Jagd nach möglichst einzigartigen Stücken fürs Wohnzimmer, ist hier ein beliebter Zeitvertreib. Inzwischen unterhält jedes Fremdenverkehrsbüro auf seiner Homepage einen Link zum *local antique district.* Doch Vorsicht: Nicht jedes Konföderiertenschwert ist auch wirklich eines!

BEACH WEAR

Zwischen den Outer Banks und der Redneck Riviera sind Bade- und Strandanzüge die meistgetragenen Kleidungsstücke. Kein Wunder also, dass Gucci & Co.

ihnen ihre volle Aufmerksamkeit schenken! Die größte und schönste Auswahl trendiger Strandbekleidung gibt es in Miami Beach, Palm Beach und in der Tampa Bay Area.

INNER CITY SHOPPING

Schönste Beispiele für Shopping im historischen Ambiente bieten Columbia, Savannah, New Orleans und Miami Beach. In Columbia beherbergt das aus alten Industriegebäuden bestehende Viertel *Congaree Vista* inzwischen einen der angesagtesten kulturellen Hotspots im Süden, Spezialgeschäfte und Boutiquen inklusive. In Charleston und Savannah zogen junge Boutiquen in alte Gemäuer, in letzterer vor allem in *Bull, Bay* und *River Street.* Das *French Quarter* in New Orleans ist prallvoll mit Spezialgeschäften, und in Miami Beach bietet u. a. die in eine Fußgängerzone verwandelte *Lincoln Road* auf einer Länge von sieben Häuserblocks nicht nur elegante Geschäfte, sondern auch Straßenentertainment, Cafés und Bistros.

> EINKAUFEN

OUTLET MALLS

Es begann mit tristen Verkaufshallen, in denen die Hersteller ihre Waren ab Fabrik anboten und so beträchtliche Rabatte ermöglichten. Inzwischen wurden die Factory Outlets zu Malls zusammengestellt und auch hier die Atmosphäre mit allerlei Kunstgriffen aufgelockert. Die vielversprechendsten dieser Outlet Malls sind die *Sawgrass Malls* mit 350 Läden in Miami, die *Opry Mills* in Nashville, wo selbst Saks Fifth Avenue ab Fabrik verkauft, und die *North Georgia Premium Outlets* mit rund 140 Geschäften etwas nördlich von Atlanta.

SHOPPING MALLS

Die meisten der großen Shopping Malls locken mit *Shoppertainment:* Wasserspiele, Grünanlagen, gemütliche Cafés und Weintheken nehmen der Hatz nach dem *best buy* den Stachel. Die schönsten dieser Konsumpaläste sind die *Lenox Square Mall* und das gegenüberliegende, noblere *Phipps Plaza* in Atlanta sowie die eleganten *Bal Harbour Shops* in Miami Beach und die *Riverchase Galleria* in Birmingham. Auch die größten amerikanischen Warenhäuser pflegen hier vertreten zu sein, wie Macy's und Bloomingdale's.

VOLKSKUNST

In den Appalachen Georgias und der Carolinas lohnt es sich, selbst die unscheinbarsten Stände und Buden am Straßenrand zu besuchen. Hier gibt es jene handgewebten Decken, Lederwaren, Körbe und Keramikobjekte, die es garantiert nirgend sonst gibt. Auch die Shops der kleinen Hausmuseen lohnen näheres Hinschauen: Souvenirs wie Vögel aus Hickoryholz und Gewürze in hübschen Jutesäckchen sind platzsparende Mitbringsel. Unter *Folk Art* im weitesten Sinne mögen auch die unvermeidlichen Elvis-Memorabilia aus Memphis, die Voodoopuppen aus New Orleans und die zu Schmuck verarbeitenden Muscheln aus Key West fallen.

> IN DER WIEGE DES SÜDENS

Wilde und leere Atlantikstrände,
die Anhöhen der Appalachen und der richtige Old South

> In einer Hinsicht sind die Carolinas sehr unamerikanisch: Mit 80 000 km² und 4,3 Mio. Einwohnern (South Carolina) bzw. 136 000 km² und 8,9 Mio. Einwohnern (North Carolina) haben sie europäische Maße. In allem anderen sind sie umso amerikanischer.

Es gibt romantische Antebellumstädte wie Charleston, die „Grande Dame" des Alten Südens, wo Alteingesessene es unschicklich finden, dass die in Savannah so schamlos touristischen Nutzen aus dem Clint-Eastwood-Film „Mitternacht im Garten von Gut und Böse" ziehen. Es gibt stocknüchterne Banken- und Hightechzentren wie Raleigh und Spartanburg. Es gibt mehr Baumarten in den Blue Ridge und Smoky Mountains als in Europa, und in einigen entlegenen Tälern wird Schwarzbrennerei schon so lange betrieben, dass so mancher Sheriff nichts mehr dabei findet. Auf den Inseln der Ou-

Bild: Charleston

NORTH & SOUTH CAROLINA

ter Banks finden gestresste Großstädter stets ein paar Hundert Meter Strand für sich allein. Myrtle Beach dagegen ist Disneyland am Meer, und die *Grand Strand* genannte Küste von hier bis fast nach Georgetown ist zu einem einzigen Baderesort zusammengewachsen. Im Beaufort County südlich von Charleston wiederum lebt es sich noch so langsam wie im Kinohit „Forrest Gump", der gerade deswegen hier gedreht

wurde: Weiße Krabbenfischerboote gleiten durch seegrasbedeckte Priele aufs Meer hinaus, Familien beschließen den Tag in Schaukelstühlen unter Magnolienbäumen.

Während des Antebellums erlebten die Carolinas ihre Blütezeit. Die auf Sklavenarbeit basierende Plantagenwirtschaft boomte. In South Carolina, das am 20. Dezember 1860 als erster Bundestaat die Union verlassen sollte, stellten Sklaven über die

Hälfte der Bevölkerung, in North Carolina war es ein Drittel. Die indianische Urbevölkerung spielte zu diesem Zeitpunkt schon keine Rolle mehr. Die Cherokee traf es als letzte.

Cherokee in der Indian Reservation

1835 verfügte Washington die Ausweisung der letzten 15 000. Auf dem berüchtigten „Trail of Tears" nach Oklahoma kamen Tausende ums Leben.

Seit den 1960er-Jahren wirbt South Carolina mit günstigem Investitionsklima erfolgreich um ausländische Industriebetriebe. BMW hat den Ruf gehört: In Greenville-Spartanburg baut der Autohersteller die no-

ble X-Reihe. In North Carolina siedelten sich viele internationale Unternehmen an. Die verarmten Rückzugsgebiete in den Appalachen setzen dagegen verstärkt auf den Tourismus.

AIKEN

[128 C3] Märchenhafte Golfplätze, die University of South Carolina, Parks und viel Geld hinter eisernen Toren: Das alte „Sports Centre of the South" ist noch immer exklusiv. Nach dem Bürgerkrieg wurde Aiken (30 000 Ew.), das 1835 als Sommerfrische wohlhabender Charlestonians begann, von pferdesportverrückten New Yorkern entdeckt. Opulente Residenzen mit bis zu 90 Zimmern, *cottages* genannt, wurden gebaut und Polofelder angelegt. Bis heute ziehen die hiesigen Gestüte die Preisträger des legendären *Kentucky Derby* heran. Höhepunkt des Jahres: die Pferderennen im Rahmen der *Aiken Triple Crown* im März.

◼ SEHENSWERTES ◼
THOROUGHBRED RACING HALL OF FAME
Die Racing Hall of Fame ist ein Schrein für Pferdenarren. Sulkies, Pokale, Champions in Öl und andere Memorabilia erinnern an die schönsten Momente aus 120 Jahren Pferderennsport. *Hopeland Gardens | Dupree Place/Whiskey Road | Sept.–Mai Di–So, Juni–Aug. Fr–So 14–17 Uhr | Eintritt frei*

◼ ESSEN & TRINKEN ◼
TRACK KITCHEN
Dises Lokal ist angeblich ein „best place to meet a millionaire": Es gibt

viel Fleisch vom Grill, dazu Jockeys und Gestütbesitzer. *420 Mead Avenue | Tel. 803/641 96 28 | kein Ruhetag | €€*

■ ÜBERNACHTEN ■

WILLCOX INN

Stilecht schlummern, wo Winston Churchill und Elizabeth Arden schliefen. *30 Zi. | 100 Colleton Avenue | Tel. 803/648 18 98 | www.the willcox.com | €€€*

■ AUSKUNFT ■

AIKEN CHAMBER OF COMMERCE

121 Richland Avenue East | Tel. 803/641 11 11 | www.aikenchamber.net

ASHEVILLE

[128 B2] **Die Kleinstadt (75 000 Ew.) zu Füßen der Blue Ridge und Great Smoky Mountains bezaubert mit einer der höchsten Konzentrationen von Art-déco-Häusern im Land und besticht mit bemerkenswerter Toleranz:** Appalachen-Hinterwäldler verkehren hier mit Großstadtneurotikern aus Manhattan, die größte Lesbengemeinde der USA

fühlt sich hier so wohl wie Künstler aus dem ganzen Land: Die hiesige ▶▶ Straßenmusikerszene gilt als eine der besten im Süden.

■ SEHENSWERTES ■

Im kompakten Stadtzentrum wartet Architektur vom Feinsten: Mit pinkfarbenen Granitmarkern im Bürgersteig weist der 2,7 km lange *Asheville Urban Trail* den Weg zu den schönsten Häusern der Stadt. Eindrucksvolle Beispiele sind das neoklassizistische *Flat Iron Building (Battery Park Avenue),* die im spanischen Barock errichtete, rotziegelige *Basilica of St. Lawrence (97 Haywood Street)* und die für den Artdéco-Stil in ungewöhnlichen Blau- und Gelbtönen gehaltene, frühere *S&W Cafeteria (Patton Avenue/Haywood Street).*

BILTMORE ESTATE

Mehr als 1000 Menschen arbeiteten fünf Jahre lang an diesem Mega-Projekt. 1895 konnte Cornelius Vanderbilt einziehen. Mit über 250 Zimmern ist das Biltmore Estate ein von

MARCO POLO HIGHLIGHTS

★ Fort Sumter National Monument
Hier fielen 1861 die ersten Schüsse des amerikanischen Bürgerkriegs (Seite 39)

★ Charleston
Viele historische Gebäude auf engstem Raum: Gut erhalten ist die ehemalige Stadt der Plantagenbesitzer in South Carolina (Seite 38)

★ Chattooga River
Wilde Wasser und tiefe Schluchten (Seite 44)

★ Outer Banks
Einsame Inseln vor der Küste North Carolinas (Seite 44)

★ Great Smoky Mountains National Park
Die Berglandschaft des blauen Rauchs (Seite 35)

der französischen Renaissance inspiriertes Chateau. *I-40 | Exit 50 | www.biltmore.com | tgl. Jan.–März 9–16, April–Nov 9–18, Dez 9–17.30 Uhr | Eintritt $ 29–49*

PACK PLACE EDUCATION ARTS AND SCIENCE CENTER

Der moderne Bau beherbergt vier interessante Museen. Das *Asheville Art Museum* zeigt zeitgenössische Künstler. Das *Colburn Earth Science Museum* macht mit der Mineralogie North Carolinas bekannt. Im *Health Adventure* unternehmen Sie eine Reise durch den menschlichen Körper, während sich das *YMI Cultural Center* afroamerikanischer Kunst widmet. *2 South Pack Square | www. packplace.org | Di–Sa 10–17, So 13–17 Uhr | Eintritt $ 4–6 pro Museum*

ESSEN & TRINKEN

EARLY GIRL EATERY

Frische Produkte aus der Region, ideenreich zubereitet. Heller, freundlicher Ort, zentral. *8 Wall Street | Tel. 828/259 92 92 | So abends geschl. | €*

JACK OF THE WOOD & THE LAUGHING SEED CAFÉ

Zwei Etagen, ein Besitzer: *Jack's* bietet Pubatmosphäre und Livemusik, das *Laughing Seed* raffinierte vegetarische Küche. *95 Patton Avenue | Tel. 828/252 54 45 | Di geschl. | €*

TUPELO HONEY CAFÉ

Bistrorestaurant im Stil einer altmodischen Teestube. Südstaatenküche, mit Lowcountry-Lachs und Shrimps n' Grits. *12 College Street | Tel. 828/255 44 04 | So abends und Mo geschl. | €€*

ÜBERNACHTEN

DAYS INN PATTON AVENUE

Sauber und preiswert, mittendrin, mit großem Pool. *92 Zi. | 120 Patton Avenue | Tel. 828/254 96 61 | Fax 232 19 50 | €*

RICHMOND HILL INN

Schlafen in viktorianischen Himmelbetten. *36 Zi. | 87 Richmond Hill Drive | Tel. 828/252 73 13 | www. richmondhillinn.com | €€€*

AM ABEND

THE GREY EAGLE TAVERN & MUSIC HALL

Musik für (fast) jeden Geschmack: Hier spielen die Lokalmatadore der Stadt Bluegrass, Rockabilly, Jazz und Blues. *185 Clingman Avenue | Tel. 828/232 58 00 | www.greyeagle music.com*

■ AUSKUNFT ■

**ASHEVILLE CONVENTION AND
VISITORS BUREAU**

*36 Montford Avenue | Tel. 828/258
61 01 | www.ashevillechamber.org*

■ ZIELE IN DER UMGEBUNG ■

CHIMNEY ROCK   [128 B2]

Von der Spitze dieser 40 km südöst-
lich von Asheville liegenden, 85 m
hohen Felsnadel genießen Sie einen
tollen Blick über die Blue Ridge
Mountains. Ein hübscher Trail führt
zu den nahen, 133 m hohen *Hickory
Nut Falls.*

**GREAT SMOKY MOUNTAINS
NATIONAL PARK** ★   [128 B2]

KARTE AUF
SEITE 132/133

Der berühmte blaue Dunst entsteht,
wenn auf den zu 90 Prozent bewalde-
ten Nationalpark fallender Regen
verdampft und sich mit den von der
üppigen Vegetation produzierten Na-
turölen und Sekreten vermischt. Das
jeweils zur Hälfte in North Carolina
und Tennessee liegende Wildnisge-
biet ist 2000 km^2 groß und mit jähr-
lich 20 Mio. Besuchern der popu-
lärste Nationalpark der USA. Seine
geologisch zu den Appalachen gehö-
renden Gipfel ragen über 2000 m
empor, die Lage zwischen zwei Kli-
mazonen produziert eine ungewöhnlich artenreiche Flora mit 1500
Pflanzen- und 125 Baumarten. Von
den 60 im Park lebenden Säugetierar-
ten sind die Schwarzbären die be-
rühmtesten – und scheuesten. Auf
Campingplätzen gedankenlos liegen-
gelassene Lebensmittel können sie
jedoch zu unberechenbaren Problem-
bären machen.

Indian Summer in den Bergen: die Great Smoky Mountains im Herbst

Als einzige Straße durchquert der Highway 441, von Osten kommend, den Park. Kurz vor dem Eingang bei *Gatlinburg* (Tennessee) zweigt zudem die *Little River Road* nach *Cades Cove* ab. Der halb verlassene Weiler ist dank seiner autofreien Wege bei Radlern beliebt. Über 1300 km markierte Wanderwege durchziehen den Park, unter ihnen der *Appalachian Trail.* Die Trailheads liegen meist bei den Parkplätzen. Für mehrtägige Hikingtouren benötigt man ein – kostenloses – *backcountry permit,* erhältlich in den Visitor Centers in *Oconaluftee* und *Sugar Lands,* beide am Highway 441. Von Mitte Mai bis September wird es eng hier, Reservierungen sind dann obligatorisch, für Zeltplätze genauso wie für die einzige Lodge im Park, die *Le Conte Lodge,* eine rusti-kale Herberge mit Cabins auf dem Gipfel des Mount Le Conte *(Tel. 865/ 429 57 04 | Fax 774 00 45 | www. leconte-lodge.com | €).* Sie ist nur zu Fuß auf dem 7 km langem Trail vom Highway 441 aus erreichbar und ein Jahr im Voraus zu buchen.

Zu den beliebtesten Wanderzielen gehören der bereits in Tennessee liegende *Clingman's Dome,* mit 2025 m der höchste Gipfel der Great Smokies, der *Mount Le Conte* und unterwegs dorthin der *Ahem Cave Trail,* der durch *Laurel's Hell* führt, ein baumloses, von undurchdringlichem Lorbeer- und Rhododendrongestrüpp bedecktes Gebiet. Auskunft: *Great Smoky Mountains National Park | 107 Headquarters Road, Gatlinburg, TN 37738 | Tel. 865/436 12 00 | www.nps.gov/grsm | Backcountry Info Tel. 436 12 97*

Netze der Krabbenfischer im Hafen von Beaufort

BEAUFORT

[128 C4] Selbst größere Nachbargemein-den nennen sie „Queen of the Sea Is-lands": Die Geschichte hat es gut gemeint mit Beaufort (14 000 Ew.). Vom Bürger-krieg verschont geblieben, präsen-tiert sich der historische Stadtkern mit herrschaftlichen *southern mansi-ons,* Palmen und moosbehangenen Eichen. Das Blau der *Beaufort Bay* stets vor Augen, ist das ruhige Städt-chen von 1711 die ideale Basis für die Erforschung der Umgebung.

SEHENSWERTES

Weitläufige Veranden und knorrige, Schatten spendende Bäume: Der Gang durch das historische Viertel *Old Point* vermittelt einen Eindruck von der Zeit, als Cotton König war. Im frisch renovierten *Beaufort Arse-nal Museum (713 Craven Street | Mo–Sa 10–16 Uhr | Eintritt $ 4),* ei-nem festungsartigen alten Hangar, wurde wurde diese Periode eingefro-ren. Der schönste Ort für einen ro-mantischen Abendspaziergang ist der nahe gelegene, rund 500 m lange *Port Royal Boardwalk* über die Mar-schen des Beaufort River.

_{sider} Tipp *(Insider Tipp)*

ESSEN & TRINKEN ÜBERNACHTEN

BEAUFORT INN AND RESTAURANT

Vielgiebeliger Inn mit zweigeschos-siger Veranda, luxuriös und zentral. *21 Zi. | 809 Port Republic Street | Tel. 843/379 46 67 | Fax 521 95 00 | www.beaufortinn.com | €€€*

BEST WESTERN SEA ISLAND INN

Überraschend angenehme Ausgabe der Mittelklassemarke, zentral, Fit-ness Center. *43 Zi. | 1015 Bay Street | Tel. 843/522 20 90 | www.sea-is land-inn.com | € – €€*

AUSKUNFT

GREATER BEAUFORT CHAMBER OF COMMERCE

1106 Carteret Street | Tel. 843/ 524 31 63 | www.beaufortsc.org

ZIELE IN DER UMGEBUNG

Bis in die 1950er-Jahre hinein schien Amerika diese Gegend des soge-nannten *Lowcountry* vergessen zu haben. Den Gullah, Nachfahren afri-kanischer Sklaven, half die Isolation bei der Bewahrung ihrer eher afrika-nischen als amerikanischen Sprache und Kultur. Inzwischen haben exklu-sive Resorts die Strände unter sich aufgeteilt. Die Gemütlichkeit ist der Region dennoch nicht abhanden ge-kommen.

Erst vom Wasser aus erschließt sich das *Lowcountry* in seiner ganzen Schönheit. Bootstouren führen durch die artenreichen Feuchtgebiete im *ACE Basin* und zu historischen Plan-tagenhäusern. Sümpfe und Marschen lassen sich auch per Kanu und Kajak erkunden.

HUNTING ISLAND STATE PARK [128 C4]

_{Insider} Tipp

Ein 5 km langer Sandstrand und sub-tropischer Dschungel: Hunting Is-land 15 km südöstlich von Beaufort zeigt, wie die *Sea Islands* „vor dem Sündenfall" aussahen. Ein 6,4 km langer Plankenweg führt mitten hin-durch, ein anderer erschließt eine von exotischen Vogelarten belebte Marsch. Den besten Überblick haben Sie von der Spitze des 1859 errichteten ❊ *Hunting Island Lighthouse* | *tgl. 10–17 Uhr* | *Eintritt $ 2.*

ST. HELENA ISLAND   [128 C4]

Die größte der *Sea Islands,* 25 km von Beaufort entfernt, blieb ländlich geprägt. Einst schufteten Sklaven hier auf Reis- und Baumwollplantagen. Die meisten der rund 9000 Insulaner sind ihre direkten Nachfahren und nennen sich „Gullah". Lange isoliert, konnten sie viele Sitten und Gebräuche ihrer aus Westafrika stammenden Ahnen bewahren. Heute gelten sie als die authentischste afroamerikanische Gruppe der USA. Sehenswert ist das *Penn Center* (www.penncenter.com). Das Kulturzentrum ist das inoffizielle Hauptquartier der Gullah-Kultur. Es begann 1862 als erste Schule für befreite Sklaven. Bis heute ist es eine Fortbildungsstätte. Das angeschlossene *York W. Bailey Museum* | *Mo–Sa 11–16 Uhr* | *Eintritt $ 5,* informiert über die Gullah, ihre Sprache und Volkskunst.

CHARLESTON

 KARTE AUF SEITE 132

[129 D4] ⭐ **Allein die Lage spricht für die legendäre** *southern belle.* **Nach Myrtle Beach und Savannah sind es jeweils anderthalb Autostunden.** Alt-Charleston selbst ist eine Zeitmaschine. Sklavenaufständen, Bürgerkrieg und Hurrikans zum Trotz versprüht die Stadt (120 000 Ew.) noch immer Südstaatencharme. Selten findet man in Amerika so viel Geschichte auf so engem Raum: In der nur 10 km² großen Altstadt stehen immer noch 1500 historische Gebäude! 1670 gegründet, war Charleston um 1750 bereits die größte Hafenstadt südlich von Philadelphia. Heute setzt man hier auf Hightech: U. a. unterhält hier auch Google eine Niederlassung.

■ SEHENSWERTES ■

CHARLESTON MUSEUM

Untergebracht in einem hässlichen Nutzbau, beherbergt das bereits 1773

> JENSEITS VON AMERIKA
Die Gullah-Kultur ist vom Aussterben bedroht

Können Sie etwas mit „beat on ayun" anfangen? Oder mit „sho ded" und „i han shaht pay-shun"? Ein „beat on ayun" (beat-on-iron) ist ein Mechaniker, ein „sho ded" (sure dead) ist ein Friedhof, und „i han shaht pay-shun" (His hand is short of patience) bedeutet „er stiehlt". Im Beaufort-Distrikt sprechen noch rund 9000 Afroamerikaner dieses Idiom. Gullah basiert auf dem elisabethanischen Englisch, die Aussprache hingegen ist weitgehend afrikanisch. Angeblich ist der Name eine Verballhornung von Angola. Die Vorfahren der Gullah kamen zwischen dem 17. und frühen 19. Jh. aus West- und Zentralafrika. Auf den Plantagen der vorgelagerten Sea Islands arbeiteten sie, vom Festland isoliert, auch nach der Sklavenbefreiung in Eigenregie weiter und retteten so ihre Traditionen in die Gegenwart. Heute gelten die Gullah als die „afrikanischste" Gruppe schwarzer Amerikaner in den USA.

gegründete Stadtmuseum historische und indianische Artefakte. *360 Meeting Street | www.charlestonmuseum. org | Mo–Sa 9–17, So 13–17 Uhr | Eintritt $ 10*

DENMARK VESEY HOUSE

Insider Tipp

Kleines, weißes Holzhaus im Schatten alter Bäume. Bis 1822 lebte hier der Handwerker Denmark Vesey, ein Sklave aus der Karibik, der sich mit einem Lotteriegewinn freigekauft hatte. 1822 plante er einen Aufstand, der die 6000 Sklaven der Stadt befreien und nach Haiti bringen sollte. Zwei schwarze Lakaien verrieten die bevorstehende Revolte jedoch. Vesey und 34 weitere Verschwörer wurden gefasst und öffentlich gehenkt. *56 Bull Street*

DRAYTON HALL

Die bis 1742 erbaute Residenz, einst Mittelpunkt der Draytonplantage am Ashley River, blieb im Bürgerkrieg als einziges der Plantagenhäuser Charlestons unversehrt. Ungeschminkt und ungeliftet, präsentiert sie sich dem Besucher so, wie sie einst von den Draytons verlassen wurde. *3380 Ashley Road | 21 km nordwestlich von Charleston | tgl. 8.30–17 Uhr | Eintritt $ 14*

EDMONSTON-ALSTON HOUSE

1825 von dem Kaufmann Charles Edmonston gebaut, ist dieses Haus ein gelungenes Beispiel für den eleganten Greek-Revival-Stil. Die Einrichtung besteht aus zeitgenössischem Mobiliar, die Bibliothek blieb fast unversehrt. Vom zweiten Stock aus beobachtete Südstaatengeneral Beauregard die Bombardierung von

Der Alte Süden lebt: Palmen vor weißer Prachtvilla in Charleston

Fort Sumter. *21 East Battery | Di–Sa 10–16.30, So/Mo 13.30–16.30 Uhr | Eintritt $ 10*

FORT SUMTER NATIONAL MONUMENT ★

Kaum war das 1829 auf einer künstlichen Insel begonnene Fort 1860 fertig, kam die Feuertaufe. Am 12. April 1861 fielen hier die ersten Schüsse des Bürgerkriegs: Konföderierte Soldaten bombardierten das Fort vom Ufer aus. Die darin stationierten Unionssoldaten ergaben sich tags darauf. Von 1863 bis 1865 widerstanden die neuen Besatzer der Belagerung durch Unionstruppen. Bootstouren mit Hafenbesichtigung zu saisonal wechselnden Zeiten bietet *Fort Sumter Tours (Charleston City Marina, 17 Lockwood Boulevard | Tel. 843/ 881 73 37 | Dauer 2 Std. 15 Min. | Fahrpreis $ 14 | tgl. 10–17.30 Uhr).*

FRENCH HUGUENOT CHURCH

Schon Ende des 17. Jhs. waren viele in Frankreich verfolgte Hugenotten

meinde der USA die Messe. *136 Church Street | Gottesdienste So 10.30 Uhr*

NATHANIEL RUSSELL HOUSE

Um 1808 für den im Reis- und Indigohandel reich gewordenen Nathaniel Russell im Federal Style gebaut. Eine elegante Ornamentierung und besonders die drei Etagen verbin-

Charleston, Saxofonspieler vor historischer Kulisse

nach Charleston gekommen. Am *Cooper River* gründeten sie große Plantagen. In Booten fuhren sie stromabwärts nach Charleston zum Gottesdienst, der von 1845 an in dieser reich dekorierten, im neogotischen Stil errichteten Kirche stattfand. Das Innere und die Fenster blieben unversehrt. Bis heute feiert hier die einzige kalvinistische Ge-

dende, frei schwebende Spiraltreppe machen das Nathaniel Russell House zu einem der schönsten Federal-Style-Häuser im Süden. *51 Meeting Street | Mo–Sa 10–17, So 14–17 Uhr | Eintritt $ 8*

OLD EXCHANGE & PROVOST DUNGEON

1767 als Warenlager und Zollgebäude am Hafen gebaut, sah das große Haus mit den palladianischen Fenstern viele Episoden amerikanischer Geschichte. In den Kerkergewölben darunter saßen Gesetzlose und berüchtigte Piraten ein. Spannend inszeniert, ist dies vor allem ein Ziel für Familien. *122 East Bay Street | tgl. 9–17 Uhr | Eintritt $ 7*

OLD SLAVE MART MUSEUM
Die Türen dieses Hauses sind dunkelblau: Mitglieder der Gullahgemeinde verwenden diese Farbe zur Abwehr böser Geister. Hier ist das am leichtesten einzusehen. Hinter den Türen dieses 1859 gebauten Hauses mit dem hangarähnlichen Tor wurden Sklaven versteigert. *6 Chalmers Street | Mo–Sa 9–17 Uhr | Eintritt $ 7*

RAINBOW ROW
Nur einen Häuserblock vom Waterfront Park landeinwärts liegen diese aus dem 18. Jh. stammenden, in allen Regenbogenfarben leuchtenden Reihenhäuser. In den 1930er-Jahren restauriert, beherbergten sie einst die Läden und Kontore der Kaufmannschaft der Stadt. Vor allem spätnachmittags ein lohnender Fototermin! *83–107 East Bay Street*

ESSEN & TRINKEN
82 QUEEN
Vielfach ausgezeichnetes Restaurant mit tropischem Garten. *Lowcountry cuisine* mit innovativem Touch. *82 Queen Street | Tel. 843/723 75 91 | kein Ruhetag | €–€€*

HIGH COTTON, MAVERICK BAR & GRILL
Gradlinige Küche, beste Produkte: Steaks, Wild, frisches Seafood, zwi-

schen altem Mahagoni, Ziegelwänden und ausgetretenen Holzdielen. *199 East Bay Street | Tel. 843/724 38 15 | kein Ruhetag | €€*

EINKAUFEN
Charleston ist eine gute Adresse für Antiquitäten und ungewöhnliche Kunstobjekte. Die meisten Antiquitätenläden, Galerien und Spezialgeschäfte liegen an *King, Broad, East Bay* und *Meeting Street. Lowcountry Artists (148 East Bay Street)* zeigt junge Mixed-Media-Künstler aus der Umgebung, *Ben Silver (149 King Street)* gilt als bester Männerausstatter vor Ort.

ÜBERNACHTEN
B & B, Motels und historische Hotels können bei *Charleston Reservations | Tel. 866/296 66 43 | www.charlestonsfinest.com,* gebucht werden. Ganz auf historische B & B's spezialisiert ist *Historic Charleston*

>LOW BUDGET

> Ein Relikt des guten, alten Amerika: Das hoch über Asheville liegende, hübsch altmodische Mountaineer Inn empfängt mit überdimensionaler Neonreklame, großen Zimmern, reichhaltigem Frühstück und tiefem Pool – für $ 40 die Nacht *(155 Tunnel Road | Tel. 828 254 53 31 | www.mtinnasheville.homestead.com).*

> Die preiswerteste und vielleicht freundlichste Bleibe in Charleston ist das *NotSo Hostel,* ein Gästehaus mit sauberen Schlafsälen, Privatzimmern, Radverleih *(156 Spring Street | Tel. 843/722 83 83 | €).*

Auch in Myrtle Beach gibt es ein Hard Rock Café

B & B | 60 Broad Street | Tel. 843/ 722 66 06 und 1800/743 35 83 | www.historiccharlestonbedandbreak fast.com

HOLIDAY INN
HISTORIC DISTRICT
Angenehme Basis für Schlendereien durch die Altstadt. *126 Zi. | 125 Calhoun Street | Tel. 843/805 79 00 | Fax 805 77 00 | www.charlestonhot el.com | €€*

KINGS COURTYARD INN
Antebellumatmosphäre im *historic district* Nähe City Market. *41 Zi. | 198 King Street | Tel. 843/720 27 49 | Fax 720 26 08 | www.kingscourtyard inn.com | €€€*

■ AM ABEND

Insider Tipp

Ein schöner Ort, um den Tag ausklingen zu lassen, ist der *Trio Club (139 Calhoun Street)* mit der besten Livemusik (Jazz, Salsa, Folk & Rock) der Stadt.

■ AUSKUNFT

CHARLESTON AREA CONVENTION & VISITORS BUREAU
423 King Street | Tel. 843/853 80 00 und 1800/868 81 18 | www.charles toncvb.com

■ ZIEL IN DER UMGEBUNG

MYRTLE BEACH   [129 D3]
Wo der Rummel den – herrlichen – Strand in die Nebenrolle drängt, beginnt der *Grand Strand,* liegt rund 100 km von Charleston entfernt Myrtle Beach. 20-stöckige Hotels versperren den Blick aufs Meer. Wasserparks, Golfplätze, dazu alle großen Hotelketten und Myriaden von Bars, Diskos und Souvenirshops machen den Ort zum Ziel amerikanischer Familien. Und zur Partyzone: Jedes Frühjahr überschwemmt zum *Spring Break* eine Flut zu allem bereiter Schüler und Studenten den Ort. Das Gravitationszentrum ist der *Myrtle Beach Pavilion Amusement Park (9th Avenue und Ocean Boule-*

vard | *tgl. März–Mai und Mitte Aug.– Sept. 18–22, sonst 13–24 Uhr | Eintritt frei, Tageskarte für alle Achterbahnfahrten $ 23,95).* Er bietet neben Achterbahnen und Karussells noch viele andere Möglichkeiten, Geld loszuwerden.

In *Ripley's Aquarium (1110 Celebrity Circle | So–Do 9–21, Fr/Sa 9–22 Uhr | Eintritt $ 19)* wandeln Sie in einem knapp 100 m langen, gläsernen Tunnel durch eine von Haien und Tintenfischen bewohnte Unterwasserwelt. Auskunft: *Myrtle Beach Chamber of Commerce Visitors Center | 1200 North Oak Street | Tel. 843/626 74 44 | www.myrtlebeachinfo.com*

COLUMBIA

[128 C3] ▶▶ **Nur die breiten Avenuen erinnern daran, dass man einst mehr vorhatte mit dieser Stadt.** Seit 1786 Hauptstadt South Carolinas, bekam Columbia, das die Sezession am lautesten gefordert hatte, den Zorn der siegreichen Unionstruppen besonders zu spüren. Anfang 1865 ließ General Sherman dieses „Hornissennest der Rebellion" niederbrennen – eine neue, moderne Stadt (125 000 Ew.) mit nur wenigen Antebellumhäusern ist das Resultat. Der Attraktivität Columbias hat dies keinen Abbruch getan: Die größte Stadt South Carolinas gilt zunehmend als Hotspot einer wachsenden Independentszene: Rund 40 unabhängige Theatergruppen haben sich hier angesiedelt. Die beste Gelegenheit, die Kreativen der Stadt zu treffen, bietet sich im Viertel *Congaree Vista* rund um die Gervais Street, wo alte Lagerhäuser in Theater, Galerien, Ateliers und Musikhallen sowie rund 50 Cafés und Restaurants umfunktioniert wurden.

■ SEHENSWERTES ■

SOUTH CAROLINA STATE MUSEUM

Eines der besten State Museums der USA: Untergebracht in einem rotziegeligen Gebäude, das 1894 als erste vollelektrische Textilfabrik der Welt Furore machte, bietet es eine gut inszenierte Reise durch Archäologie, Natur und Geschichte des Staats. *301 Gervais Street | www.museum.state. sc.us | Di–Sa 10–17, So 13–17 Uhr | Eintritt $ 5*

■ ESSEN & TRINKEN ■

MR. FRIENDLY'S NEW SOUTHERN CAFÉ

Hier gibts Steak und Filet Mignon, Seafood und Pasta, raffiniert gewürzt, elegant präsentiert. *2001 A Greene Street | Tel. 803/254 78 28 | kein Ruhetag | €€*

ROSEWOOD MARKET & DELI

Insider Tipp

Vegetarische Gerichte aus organischem Anbau, lebhafte Kantinenatmosphäre im Rosewood Farmers' Market. *2803 Rosewood Drive | Tel. 803/765 10 83 | Dinner Mo–Fr 17 bis 19.30 | €*

■ ÜBERNACHTEN ■

CLARION TOWN HOUSE

Einst beobachtete General Sherman von hier aus den Marsch auf Columbia. Heute ein traditionsbewusstes und preisgünstiges Businesshotel nahe Downtown. *142 Zi. | 1615 Gervais Street | Tel. 803/771 87 11 | Fax 252 93 47 | €–€€*

HAMPTON INN DOWNTOWN HISTORIC DISTRICT

Schöne Zimmer mit altmodischem Charme, mitten im Vista-Distrikt. Fitnessraum, Pool. *122 Zi. | 822 Gervais Street | Tel. 803/231 20 00 | www.hamptoninncolumbia.com | €€*

■ AUSKUNFT

COLUMBIA METROPOLITAN CONVENTIONS & VISITORS BUREAU
1101 Lincoln Street | Tel. 803/ 545 00 00 | www.columbiacvb.com

■ ZIEL IN DER UMGEBUNG

CHATTOOGA RIVER ★ [128 B2]

Der Kino-Hit „Beim Sterben ist jeder der Erste" (1972) machte den Chattooga River an der Grenze zu Georgia zum Wildwasserdorado. Wo einst jedoch die ahnungslosen Bürohengste um Burt Reynolds von blutrünstigen Hinterwäldlern gejagt wurden, kann man sich heute auf einer geführten Raftingtour die brodelnden Wildwasser in aller Ruhe zu Gemüte führen. Ausgangspunkt für ein- und mehrtägige Raftingtrips ist *Long Creek* (South Carolina). *Wildwater Ltd., PO Box 309, Long Creek, SC 29658 | Tel. 864/647 95 87 | Fax 647 53 61 | www.wildwaterrafting.com*

OUTER BANKS

[129 F1–2] ★ Sandbänke! Von der südlichen Grenze Virginias bis hinunter zum Cape Lookout bei Beaufort, eine 300 km lange, aber nur 1,5 km breite Kette aus Stränden, Dünen und Feuchtgebieten mit über 400 Vogelarten. Einst ein gefürchteter Schiffsfriedhof, ist die Inselkette heute ein Tummelplatz der Spaßgesellschaft. Mit Ferienhäusern auf hochwassersicheren Stelzen und Motels und Fastfoodbuden hat sie sich vor allem im touristischen Nordteil verewigt. Alle Wassersportarten und natürlich Sonnenbaden sind hier im Sommer angesagt. Den Rest des Jahres sind die gut 25 000 Insulaner überwiegend unter sich – für erholsame Strandspaziergänge die schönste Zeit des Jahres. *Bodie Island, Roanoke Island, Hatteras Island* und *Ocracoke Island* sind durch Brücken und Fähren miteinander verbunden. Der Tourismus konzentriert sich auf Bodie Island. Im Mittel- und Südteil der Outer Banks beruhigt sich der Fremdenverkehr in weitläufigen Schutzgebieten und untouristischen Fischerhäfen.

■ SEHENSWERTES

CAPE HATTERAS NATIONAL SEASHORE [129 F2]

Das 1953 gegründete Schutzgebiet hat die Outer Banks vor dem touristischen Ausverkauf bewahrt. 112 km lang, reicht es von Roanoke Island bis nach Ocracoke Island und umfasst das *Pea Island National Wildlife Refuge* auf Hatteras Island ebenso wie das berühmte *Cape Hatteras Lighthouse (April–Okt. tgl. 9– 17 Uhr)*, den ältesten aus Stein gebauten Leuchtturm der USA. *Highway 12*

FORT RALEIGH [129 F1]

Was aus den 117 Männern, Frauen und Kindern wurde, die hier im Juli 1587 die erste englische Kolonie Nordamerikas bezogen, ist bis heute ein Rätsel. Ein Versorgungsschiff fand drei Jahre später nur überwachsene Erdwälle, die heute von einem

Visitors Center und diversen Nach-
bauten umgeben sind. *Manteo |
Highway 64/264 | tgl. 9–17 Uhr*

WRIGHT BROTHERS
NATIONAL MEMORIAL
Am 17. Dezember 1903 erlebten die
Dünen von *Kill Devil Hills* auf Bodie
Island Geschichte: In den Morgen-
stunden machte der von Orville und
Wilbur Wright konstruierte Motor-
segler einen 12 Sekunden langen
Hüpfer. Ein Visitors Center erinnert
an die beiden Tüftler. *Kill Devil
Hills, US-158, Milepost 8 |
www.nps.gov/wrbr | tgl. 9–18 Uhr*

■ ESSEN & TRINKEN
1587 RESTAURANT
Feinste Seafood-Küche im *Tranquil
House Inn* mit Blick auf die Shal-
lowbag Bay. *Manteo | 405 Queen
Elizabeth II. Street | Tel. 252/
473 15 87 | kein Ruhetag | €€*

OWEN'S RESTAURANT
In dem alten, mit Zedernschindeln
gedeckten Haus in Nags Head spei-
sen Einheimische und Auswärtige.
Spezialität: Coconut Shrimps!
*Highway 158 | Milepost 16,5 | Tel.
252/441 73 09 | kein Ruhetag | €*

■ ÜBERNACHTEN
DUKE OF DARE MOTOR LODGE
Einfaches Motel mit Pool. *33 Zi. |
Roanoke Island | 100 Highway 64 |
Tel. 252/473 21 75 | www.ego.com/
us/nc/ob/duke/index.htm | €*

ISLAND INN
1901 aus dem Holz eines Schiffs-
wracks gebaute, stilvolle Herberge.
28 Zi. | Ocracoke | Highway 12 | Tel.
*252/928 43 51 | www.ocracokeisland
inn.com | € – €€*

SEA GULL MOTEL
Am Strand gelegen, die Zimmer und
Apartments sind mit Kochnischen

Ältester steinerner Leuchtturm der USA:
Cape Hatteras Lighthouse

ausgestattet. Pool. *45 Zi. | Hatteras |
Highway NC 12 | Tel. 252/986 25 50
| www.seagullhatteras.com | € – €€*

■ AUSKUNFT
OUTER BANKS CHAMBER OF COMMERCE
*Kill Devil Hills | Tel. 252/
441 81 44 | Fax 441 03 38 | www.
outerbankschamber.com*

> NEW SOUTH UND ALTER CHARME

Inseln des Alten Südens und und beständiger
Sonnenschein in Amerikas Urlaubsgebiet Nummer eins

> Georgia, mit über 152 000 km² der größte der Südstaaten, gilt, seit Margaret Mitchell hier den Welterfolg „Vom Winde verweht" schrieb, als Archetyp unter den Südstaaten. Florida hingegen wird gemeinhin mit Sonne, Strand und Disneyworld gleichgesetzt – mit allem anderen also als mit Südstaatenatmosphäre.

Georgia scheint zunächst nur aus zweierlei zu bestehen: der Hauptstadt Atlanta und dem landwirtschaftlich geprägten Rest mit beschaulichen,

die Erinnerung an das Antebellum festhaltenden Städten, von denen eine besonders schön ist – und hält, was das Südstaatenklischee verspricht: Savannah.

Ganz anders Florida. Gesegnet mit kilometerlangen Sandstränden und beständig warmem Klima, lebt der *sunshine state* im äußersten Südosten der USA als internationales Urlaubsziel seit langem im Hier und Jetzt. Alle anderen Wirtschaftszweige ste-

Bild: Savannah

GEORGIA & FLORIDA

hen hinter dem Tourismus zurück. Ausführliche Informationen finden Sie im MARCO POLO Band „Florida".

ATHENS

[128 B3] Über 100 000 Einwohner, davon 30 000 Studenten, plus ein Stadtbild aus dem Antebellum. Athens, 1806 rund um die fünf Jahre zuvor eröffnete University of Georgia gegründet, ist

Georgias Szenetreff und Live Music City *(www.athensmusic.net)*. Jazzclubs, Bars und Pubs, originelle Galerien und jede Menge Straßencafés verleihen dem Städtchen den Hauch liberaler Boheme. Auch Liebhaber alter Südstaatenhäuser kommen auf ihre Kosten.

■ SEHENSWERTES ■

Die schönsten Antebellum-Häuser werden am besten auf organisierten

Touren vom Welcome Center (siehe Auskunft) aus besichtigt. Highlights sind das *Taylor-Grady House* von 1845 und das *Church-Waddel-Brumby House* von 1822.

Das Behold Monument erinnert an Martin Luther King jr.

ESSEN & TRINKEN

FIVE & TEN

Eines der besten Restaurants im Süden: moderne amerikanische Cuisine mit starkem französischem und Südstaatenakzent. *1653 South Lumpkin | Tel. 706/546 73 00 | Mo–Sa mittags geschl. | €€–€€€*

ÜBERNACHTEN

CAMPUS INN

Einfaches, freundliches Motel in Uninähe. So preiswert, dass man sich in den Arm kneipt. *3425 Atlanta Highway | Tel. 706/549 02 51 | www.campusinnmotelathens.com | €*

AM ABEND

40 WATT CLUB

Legendärer Nachtclub, u. a. hatte die Rockgruppe R.E.M., deren Mitglieder aus Athens stammen, hier ihre ersten Auftritte. *285 West Washington Street | www.40watt.com*

MELTING POINT

Intime Musikhalle in alter Gießerei. Lokale, regionale und nationale Bands und Solisten. *295 East Dougherty Street | www.meltingpointathens.com*

AUSKUNFT

ATHENS WELCOME CENTER

Thomas Street und Doughterty Street (im Church-Waddel-Brumby House) | Tel. 706/353 18 20 | www.visitathensga.com

ATLANTA

KARTE AUF SEITE 133

[128 A3] 5,2 Mio. Einwohner, Hauptsitz 20 weltweit operierender Unternehmen, Olympiastadt: Atlanta, Georgias Hauptstadt, Symbol des New South, 1864 und 1917 restlos abgebrannt, ist tatkräftig, geschäftstüchtig und visionär. Schön ist Atlanta nicht. Schon beim ersten Spaziergang durch die Straßenschluchten der Downtown faszinieren vor allem zwei Dinge: die kompromisslose Wertschätzung von Erfolg und Profit – und der Umstand, dass man ohne Taxi nicht weit kommt. Ringe gesichtsloser Vorstädte mit Reihen um Reihen genormter Fertighäuser liegen in der grün-braunen Landschaft, und mittendrin schlägt ein Herz aus Stahl, Glas und Beton.

■ SEHENSWERTES

ATLANTA HISTORY CENTER

Hervorragendes Museum über den dramatischen Weg der Stadt von der stolzen Südstaatlerbastion zum Finanz- und Einkaufszentrum des Südens. *130 West Paces Ferry Road NW | Mo–Sa 10–17.30, So 12–17.30 | Eintritt $ 15*

CNN CENTER

Ultramoderner Büro- und Hotelkomplex mit den CNN-Studios unweit dem Centennial Olympic Park. *Marietta Street/Techwood Drive | www. cnn.com | stündliche Führungen durch die Senderäume (Dauer 45 Min.) tgl. 9–17 Uhr | Eintritt $ 12*

GEORGIA AQUARIUM ★

Überwältigend: Mit insgesamt 40 Mio. l fassenden Aquarien und Meer-

wasserbecken ist das Georgia Aquarium gegenüber vom Centennial Olympic Park das größte der Welt. Über 100 000 Meeresbewohner bevölkern die gigantischen Tanks, thematische Ausstellungen sparen auch Umweltprobleme nicht aus. *225 Baker Street | www.georgiaaquarium. org | So–Fr 10–17, Sa 9–18 Uhr | Eintritt $ 29,50*

JIMMY CARTER MUSEUM

Erinnerungsstücke aus Carters Präsidentschaft und diverse dem Friedensnobelpreisträger gewidmete Austellungen im Viertel Virginia Highland. *441 Freedom Parkway | www.jimmy carterlibrary.org | Mo–Sa 9–16.45, So 12–16.45 Uhr | Eintritt $ 8*

MARTIN LUTHER KING JR. NATIONAL HISTORIC SITE ★

Archiv, Bibliothek, Geburtshaus, Grabstätte und die Ebenezer Baptist Church des Bürgerrechtlers. Die sonntäglichen, jedem zugänglichen Gospelgottesdienste in der Kirche, in der Martin Luther King jr. predigte, *Insider Tipp*

MARCO POLO HIGHLIGHTS

★ **Martin Luther King jr. National Historic Site**
Mehr als nur eine Gedenkstätte des Bürgerrechtlers (Seite 49)

★ **Georgia Aquarium**
Das muss man gesehen haben: Meeressäuger aus nächster Nähe (Seite 49)

★ **Key West**
Der südlichste Ort der Vereinigten Staaten ist auch der toleranteste (Seite 54)

★ **Miami**
Man lebt nur zweimal: einmal am Tag und einmal bei Nacht (Seite 55)

★ **Savannah**
Die historischen Häuser der ersten geplanten Stadt in Georgia (Seite 62)

★ **Walt Disney World**
Die Heimat der Mickymäuse unter Floridas Tropenhimmel (Seite 60)

gehören zu den spirituell stärksten Erfahrungen im Süden. *450 Auburn Avenue nahe Charles Allen Drive | tgl. 9–18 Uhr | www.nps.gov/malu/ | Eintritt frei*

WORLD OF COCA-COLA

2007 als Nachfolger des kleineren Museums gleichen Namens eröffnet,

Georgia Aquarium) | tgl. 9–17 Uhr Eintritt $ 15

■ ESSEN & TRINKEN ■

THE CAPITAL GRILLE

Hier bekommen Sie die wohl besten Steaks des Südens, serviert in elegant-urbaner Atmosphäre in Buckhead. *255 East Paces Ferry Road |*

Mit Springbrunnen und Beleuchtung: World of Coca-Cola bei Nacht

feiert dieser futuristische Komplex die berühmte braune Brause mit einem Feuerwerk aus bonbonfarbenem Glanz und Glitter, über dessen Geschmack es sich durchaus streiten lässt. Am besten sind noch die über 70 verschiedenen Geschmacksrichtungen, darunter Vanille, Lychee und Waldmeister, mit denen Coca-Cola auch im hintersten Asien Gewinn macht. *121 Baker Street (neben*

Tel. 404/262 11 62 | kein Ruhetag | €€€

PRICCI

Zeitgenössische italienische Küche in elegantem urbanem Ambiente: Das Pricci ist eines der besten Restaurants der Stadt, ebenfalls im Stadtteil Buckhead. *500 Pharr Road NE | Tel. 404/237 29 41 | mittags geschl. | €€€*

TROIS

Dekor in überraschend heimeligem Minimalismus, große Fenster. Brasseriemenü mit erfrischend einfach zubereiteten Gerichten wie Pfeffersteak und Äsche mit Prosciutto. *1180 Peachtree Street | Tel. 404/815 33 37 | kein Ruhetag | €€*

■ EINKAUFEN

LENOX SQUARE/ PHIPPS PLAZA

Mit rund 300 Läden ist *Lenox Square* eine der größten und bestbesuchten Malls des Landes *(3393 Peachtree Road NE).* In der *Phipps Plaza (3500 Peachtree Road NE)* gegenüber geht es noch nobler zu: Unter Versace und Armani läuft hier gar nichts.

■ ÜBERNACHTEN

In Downtown ist es schlicht unmöglich, günstige Zimmer zu finden. Wer weniger als $ 140 die Nacht zahlen will, muss außerhalb suchen.

GASLIGHT INN B & B

1913 gebaut, bietet dieses gemütliche B & B schön altmodisch eingerichtete Zimmer mit Kaminen, Himmelbetten und intimen Balkonen mit Blick auf einen üppigen Garten. *3 Zi., 5 Suiten | 1001 St. Charles Avenue NE | Tel. 404/875 10 01 | www.gaslightinn.com | €€–€€€*

GLENN HOTEL

Insider Tipp

Mitten in Downtown und in Fußgängernähe zu Georgia Aquarium, CNN und Coca-Cola: elegantes Boutiquehotel mit Restaurant und Bar. *93 Zi., 16 Suiten | 110 Marietta Street NW | Tel. 404/521 22 50 | www.glennhotel. com | €€€*

MOTEL 6 WEST

Insider Tipp

Einfach, aber neu und sauber, eine der preiswertesten Unterkünfte im Großraum Atlanta. *48 Zi. | 2471 Old National Parkway | Tel. 404/ 761 97 01 | €*

■ AM ABEND

MJQ CONCOURSE

Seit Jahren ein Darling der hiesigen Clubbingszene: nicht zu große Tanzfläche, mittendrin die Bar. Gespielt werden vorwiegend House, Hip-Hop und Brit-Pop. *736 Ponce de Leon Avenue NE*

OPERA

Würdiger Nachfolger des beliebten Nachtclubs Eleven 50, sein Motto: DJ's, Drinks & Decadence. Intime VIP-Boxen und -Lounges, weitläufige Tanzfläche; Mainstream-Pop. *1150 B Peachtree Street, Midtown*

SUTRA LOUNGE

Insider Tipp

Atlantas neuester Tanzboden. Rapund Hip-Hop-Mix, joviale Atmosphäre. *1136 Crescent Avenue NE, Midtown*

>LOW BUDGET

> Der *Visitor Day Pass* des Savannah Visitor Centers erlaubt zwei Tage zeitlich unbegrenztes Parken auf allen städtischen Parkplätzen und kostet nur $ 8.

> Die astronomischen Übernachtungspreise in Atlanta werden mit Hilfe von Hotelcoupons etwas erträglicher. Zu haben sind die kleinen bunten Helfer in den Welcome Centers an Georgias Grenzen.

AUGUSTA

■ AUSKUNFT ■
**ATLANTA CONVENTION &
VISITORS BUREAU**
*233 Peachtree Street NE | Suite 1400
| Tel. 404/521 66 00 | www.atlanta.net*

■ ZIEL IN DER UMGEBUNG ■
STONE MOUNTAIN   [128 A3]
Etwa 25 km östlich von Atlanta an der US 78 wurde in einen gigantischen, aus dem Nichts auftauchenden Felsenbuckel ein Relief mit den reitenden „Helden" der Südstaaten gehauen, Präsident Jefferson Davis sowie die Generäle Robert E. Lee und „Stonewall" Jackson. Um den gut 1 km breiten und 250 m hohen Granitdom sind diverse Amüsements angesiedelt, darunter die *Stone Mountain Railroad,* das *Paddlewheel Riverboat,* eine *Antebellum Plantation,* ein *Antique Car & Treasure Museum* und ein kleiner *Zoo.* Für Lauffaule fährt eine Drahtseilbahn am 30 mal 63 m messenden Relief vorbei. Abends werden Lasershows gezeigt. *Tgl. 10–20 Uhr | Tagesticket für alle Attraktionen $ 25*

AUGUSTA
[128 C3] Die 200 000-Einwohner-Stadt rühmt sich des alljährlich im April ausgetragenen Masters Golfturniers. Die intakte Old Town schmiegt sich an die Ufer des Savannah River mit der gleichen schläfrigen Eleganz wie seit ihrer Gründung 1736. Liebevoll restaurierte Partien der Altstadt, darunter der Riverwalk am Savannah River, animieren zu entspannenden Spaziergängen.

■ SEHENSWERTES ■
MEADOW GARDEN
Das einfache Farmhaus aus dem 18. Jh. erinnert an langsamere Zeiten. Es zeigt in acht mit zeitgenössischem Mobiliar ausgestatteten Räumen den Farmalltag vor 250 Jahren. *1320 Independence Drive | Mo–Fr 10–16 Uhr | Eintritt $ 4*

Stone Mountain: Hier reiten die Südstaatenheroen noch

MORRIS MUSEUM OF ART

Rund 2500 Exponate dokumentieren die Entwicklung der Malerei in den Südstaaten vom Antebellum bis zur Gegenwart. Besonders interessant: die Darstellung der Afroamerikaner in der Südstaatenkunst. *1 10th Street | www.themorris.org | Di–Sa 10–17, So 12–17 Uhr | Eintritt $ 5*

■ ESSEN & TRINKEN ■
HOT FOODS BY CALVIN

der Tipp

Außen pfui, innen hui: nicht von ungefähr die beliebteste Kantine der Stadt! Inhaber Calvin Green kocht die besten Gumbos und Brathühnchen nördlich von Louisiana. *2027 Broad Street | Tel. 706/738 56 66 | kein Ruhetag | €*

■ EINKAUFEN ■
ARTIST'S ROW ON BROAD STREET

Begonnen als Teil der Revitalisierung der Innenstadt während der neunziger Jahre, bietet die an der Broad Street liegende Artist's Row zwischen den Hausnummern 700 und 1200 etliche kleine Workshops, Galerien und Spezialgeschäfte.

■ ÜBERNACHTEN ■
PARTRIDGE INN

100 Jahre altes, hoch über Augusta thronendes Hotel mit preisgekrönter französischer Küche. *155 Zi. | 2110 Walton Way | Tel. 706/737 88 88 | www.partridgeinn.com | €€–€€€*

■ AUSKUNFT ■
AUGUSTA CONVENTION & VISITORS BUREAU

1450 Greene Street, Suite 110 | Tel. 706/724 40 67 | www.augustaga.org

GOLDEN ISLES

[128 C5] Vom Atlantik steinhart gehämmerte Sandstrände, verträumte Marschlandschaften, zauberhafte Eichen- und Kiefernwälder: Die Golden Isles vor Georgias Südküste sind ideale Ferieninseln.

Seit dem Bürgerkrieg ersetzt der Tourismus die Plantagenwirtschaft. Alle Inseln sind mit Brücken oder Dämmen mit dem Festland verbunden. Ausgangspunkt für Trips in die Inselwelt ist der hübsche Ort Brunswick. *Auskunft: Brunswick Golden Isles of Georgia Visitors Bureau | Highway 17 und St. Simons Causeway | Tel. 912/265 06 20 | www.bgivb.com*

JEKYLL ISLAND

65 Prozent der Insel sind gesetzlich vor weiterer Bebauung geschützt, Resultat: eine idyllische Marschlandschaft, in der Pelikane lautlos über stille Priele schweben und Hochwild unter uralten Magnolien äst. Neben Naturgenuss bietet die Insel 16 km Sandstrand und die wohl luxuriösesten „Wochenendhäuser" der Ostküste: Bis zum Zweiten Weltkrieg genossen Rockefeller & Co. Jekyll Island als privates Feriendomizil. Das *Jekyll Island Museum (100 Stable Road | tgl. 9–17 Uhr | Eintritt frei)* informiert über die exklusive Vergangenheit und veranstaltet Sightseeingtouren zu den Domizilen von Rockefeller & Co.

Ideenreiche Cuisine und elegante Clubatmosphäre der 1920er-Jahre bietet der *Grand Dining Room (€€)* im noblen *Jekyll Island Club Hotel (371 Riverview Drive | Tel. 912/635 26 00 | www.jekyllclub.com |*

Insider Tipp

€€€). Das moderne Strandhotel *Jekyll Oceanfront Resort* in weitläufigem Park, *260 Zi. | 975 North Beachview Drive | Tel. 912/635 25 31 | Fax 635 23 32 | www.jekyllinn.com | €€–€€€*, wirbt mit häufigen Sonderangeboten.

ST. SIMONS ISLAND
Die größte und mit erstklassigen Golfplätzen und stillen Marschen die vielseitigste der „Goldenen Inseln". Die meisten der rund 14 000 Insulaner wohnen im *Village,* einer hübschen Ansammlung alter Holzhäuser an schattigen Alleen. Die schönsten öffentlichen Strände liegen im Süden: *St. Simons Beach, Massangale Park East Beach* und *Gould's Inlet Beach.*

Der strahlendweiße Leuchtturm von 1872 ist – automatisiert – noch immer in Betrieb. Wer Fernblick liebt, wird das Panorama von der ✻ Spitze des Turms genießen *(St. Simons Island Lighthouse Museum | Mo–Sa 10–17, So 13.30–17 Uhr | Eintritt $ 10).*

Im *Redfern Café,* Treffpunkt der Einheimischen, werden frische Meeresfrüchte nach kreolischer Art serviert *(200 Redfern Village | Tel. 912/638 28 15 | €€).* Ein einfaches Hotel mit Pool mitten in St. Simons Village ist das *Queen's Court (437 Kings Way | Tel. 912/638 84 59 | €–€€).*

KEY WEST
[131 D6] ⭐ **Key West ist die letzte der Florida Keys – und auch die schönste. Hier verbrachte der Schriftsteller Ernest Hemingway einen prägenden Abschnitt seines Lebens.** Wenn man die etwa fünf Stunden dauernde Fahrt von Miami nach Key West – zuletzt führt der Overseas Highway über die offene See – zurückgelegt hat, weiß man, warum sich der Literaturnobelpreisträger hier so wohl gefühlt hat. Einen exotischeren Ort als diesen gibt es in ganz Nordamerika nicht: wunderhübsche, von subtropischer Vegetation eingefasste Holzhäuser in allen Pastellfarben; zwischen Kokospalmen gespannte Hängematten; der zum Hochseefischen und Schnorcheln einladende Golf von Mexiko mit seinen Korallenriffen; und bis heute ein hinreißendes Gemisch aus Menschen, in dem alle erdenklichen Randgruppen vertreten sind.

■ SEHENSWERTES ■
ERNEST HEMINGWAY HOME AND MUSEUM
Das absolute Muss: Hier lebte und arbeitete der Schriftsteller. *907 Whitehead Street | tgl. 9–17 Uhr | Eintritt $ 12*

PIRATE SOUL
Alles über Piraten: Das neueste Museum der Stadt schwimmt zwar arg auf der Piraten-der-Karibik-Welle, präsentiert dafür aber seine Informationen zum Piratenalltag korrekt recherchiert und spannend inszeniert. *524 Front Street | tgl. 9–19 Uhr | Eintritt $ 13,95*

■ ESSEN & TRINKEN ■
BANANA CAFÉ
Französisch inspiriertes Bistro am ruhigeren Südende der Duval Street. Klasse: die Crepes Gorgonzola! *1211 Duval Street | Tel. 305/294 72 27 | kein Ruhetag | €*

Insider Tipp

GEORGIA & FLORIDA

■ ÜBERNACHTEN

AVALON B & B

Schönes altes Conch-Haus am ruhigeren Südende der Duval Street. Alle Zimmer zeitgenössisch eingerichtet, Frühstück auf der Terrasse zur Straße. Pool. *12 Zi., 1 Cottage | 1317 Duval Street | Tel. 305/294 82 32 | www.avalonbnb.com | €€*

sen zu sein. *Captain Tony's Saloon | 428 Green Street; Sloppy Joe's | 201 Duval Street*

■ AUSKUNFT

KEY WEST CHAMBER OF COMMERCE

Mallory Square | 402 Wall Street | Tel. 305/294 25 87 | www.keywest chamber.com

Über den Inseln: So sieht Key West von oben aus

PIER HOUSE

Resorthotel mit eigenem Strand; individuell eingerichtete Zimmer, Restaurant, Weinstube. *126 Zi. | 1 Duval Street | Tel. 305/296 46 00 | www. pierhouse.com | €€*

■ AM ABEND

CAPTAIN TONY'S UND SLOPPY JOE'S

Zwei Bars konkurrieren um die Ehre, Hemingways Lieblingskneipe gewe-

MIAMI

[131 E5] ★ Wenn abends die Sonne im Golf von Mexiko versinkt und die langen Strahlen sich in den Spiegelglasscheiben der postmodernen Bürohäuser fangen, dann erwacht Miami ein zweites Mal. In den Art-déco-Hotels von Miami Beach legen die Girls frisches Make-up auf, an den Neonbars rührt die männliche Fraktion der Jeunesse dorée in *Frozen Margaritas,* und auf zahllosen Cocktailempfängen treffen sich Künstler mit ihren Kunden und Galeristen. Miami ist Floridas aufregendste Stadt, auch wegen seiner 2,4 Mio. Einwohner. Etwa zwei Drittel von ihnen – Einwanderer aus Nicaragua, El Salvador oder Kolumbien und kubanische Flüchtlinge – sprechen Spanisch.

■ SEHENSWERTES ■

ART DECO DISTRICT VON MIAMI BEACH

Die Pinks und Pastelle, die Bullaugen und die geschwungenen Augenbrauen über den Fenstern – im South Beach genannten Südzipfel von Miami Beach betören die zarten Farben und exzentrischen Formen des Art-déco. Noch nicht lange allerdings ist es her, da wäre das in den 1920er- und 30er-Jahren erbaute Viertel beinahe der Spitzhacke zum Opfer gefallen. Bauspekulanten wollten ein ganz neues Miami Beach schaffen. Eine Bürgerinitiative warf sich dazwischen. Der 40 Blocks umfassende Bezirk kam auf das *National Register of Historic Places,* die Liste der schützenswerten Gebäude. Modefotografen entwickelten ein Faible für glutäugige Schönheiten vor grell lackierten Straßenkreuzern der 1950er-Jahre und geometrischen Wandverzierungen. *Führungen (Dauer etwa 90 Min.): Miami Design Preservation League | 1001 Ocean Drive | Tel. 305/672 20 14 | www.mdpl.org | Di/Mi und Fr–So 10.30, Do 18.30 Uhr | $ 20*

LITTLE HAVANA

Bei einer Tasse starken kubanischen Kaffees in einem der kleinen Kaffeehäuser an der „Calle Ocho" (Southwest 8th Street) können Sie die Atmosphäre im kubanischen Viertel am besten genießen. Sehenswert sind das *Brigade 2506 Memorial* zur Erinnerung an die fehlgeschlagene Invasion in der Schweinebucht im April 1961, und der *Maximo Gomez Park (801 SW 15th Avenue),* der von den Einheimischen jedoch Domino Park genannt wird, weil sich hier die Alten zum Schach oder Domino treffen.

MUSEUM OF CONTEMPORARY ART

Insider Tip

Seit seiner Erweiterung bietet das berühmte MOCA internationale moderne wie klassische Kunst auf nunmehr doppelt so großer Ausstellungsfläche. *770 NE 125th Street, North Miami | www.mocanomi.org | Di–Sa 11–17, So 12–17 Uhr | Eintritt $ 5*

VILLA VIZCAYA

1916 gab Landmaschinenmagnat John Deere für diese Mischung aus Rokoko, Barock und etwas Neoklassizismus die damals sagenhafte Summe von 16 Mio. Dollar aus und ließ ihre 70 Räume mit Kunstschätzen aus aller Wellen vollstopfen. Sicher eine Frage des Geschmacks, doch eines hat er erreicht: Die Villa zählt zu Miamis Topattraktionen. *3251 South Miami Avenue | www.vizcayamuseum.org | tgl. 9.30–16.30 Uhr | Eintritt $ 12*

■ ESSEN & TRINKEN ■

JERRY'S FAMOUS DINER

Hamburger & Co.: Insgesamt über 700 Gerichte, alle in Riesenportionen, in früherer Schwulendisko. Immer voll, 24 Stunden geöffnet. *1450 Collins Avenue, South Beach | €*

GEORGIA & FLORIDA

South Beach: die größte Ansammlung von Art-déco-Gebäuden der Welt

VERSAILLES

Wer ein echter Kubaner ist, isst hier. Die Medianoche-Sandwiches beeindrucken wie die Cafécito-Durchreiche zur Straße. *3555 SW 8th Street | Tel. 305/444 02 40 | kein Ruhetag | €€*

■ ÜBERNACHTEN

BEST WESTERN SOUTH BEACH

Cremefarbene, preiswerte Art-déco-Herberge mitten in South Beach, alle Attraktionen in Fußgängernähe. *135 Zi. | 1050 Washington Avenue | Tel. 305/674 19 30 | Fax 672 06 46 | www.bestwestern.com | €–€€*

CARDOZO HOTEL

Das I-Tüpfelchen der Art-déco-Restauration. Alle Zimmer sind wieder mit den Originalmöbeln eingerichtet. Die Eigentümer: Salsaqueen Gloria Estefan und ihr Ehemann Emilio. *44 Zi. | 1300 Ocean Drive | Miami Beach | Tel. 305/535 65 00 |*

Fax 532 35 63 | www.cardozohotel. com | €€€

■ FREIZEIT & SPORT ■

Surfbrettverleiher finden Sie am Strand von *South Beach* und am *Rickenbacker Causeway* nach *Key Biscayne* (für Anfänger). Angebote für die Sportarten Tennis, Golf und Hochseefischen erfragen Sie am besten im Hotel.

■ AM ABEND ■

CLEVELANDER

Die neonbeleuchtete Freiluftbar des Hotels besteht aus Glasbausteinen und ist ein Ort wo man, jedermann, sich trifft. *Tgl. 11–5 Uhr | 1020 Ocean Drive*

MANSION

Derzeit angesagteste Disko der Stadt, Gastgeberin diverser Promi-Parties. *1235 Washington Avenue | Miami Beach*

OPIUM GARDEN
Die elegante Diskothek im Art-déco-Design ist Treffpunkt der Schönen und Superschönen. Unbestechliche Türsteher. *136 Collins Avenue*

Highway 41 aus gesehen eher einer langweilig-flachen Polderlandschaft ähnelt, erschließt sich erst beim näheren Hinschauen. Von den Besucherzentren werden geführte Touren

Archaische Bewohner der Everglades sind die Alligatoren

■ AUSKUNFT ■
GREATER MIAMI CONVENTION & VISITOR BUREAU
701 Brickell Avenue, Suite 2700 | Tel. 305/539 30 00 | www.miamiandbeaches.com

■ ZIEL IN DER UMGEBUNG ■
EVERGLADES NATIONAL PARK   [131 E5–6]
Die berühmte Sumpflandschaft liegt westlich von Miami und ist ein sich langsam nach Süden bewegender Fluss, 80 km breit und nur wenige Zentimeter tief. Die Schönheit dieses riesigen Feuchtgebiets, das vom

ins Innere organisiert – zu Alligatoren, Wat- und Wasservögeln. *Haupteingang an der State Road 9336 nahe Florida City (vom Highway US 1) | Eintritt $ 10 pro Auto, weitere Zufahrten in Shark Valley und Everglades City (vom Highway US 41) | www.nps.gov/ever/*

ORLANDO
[131 E3] Die Heimat der Mickymäuse. Dank des bestbesuchten der verschiedenen Disneylands sowie eines Dutzends weiterer Amüsierparks ist Orlando (Großraum 1,5 Mio. Ew.) seit 30 Jahren eine

schnell wachsende, wohlhabende Stadt voller Abwechslung. und mit 48 Mio. Besuchern (2006) noch vor Las Vegas die am meisten besuchte Entertainment-Hauptstadt der USA.

■ SEHENSWERTES ■

UNIVERSAL ORLANDO

Seit 1999 der schärfste Kokurrent von Disney World, besteht der Themenpark der Filmgesellschaft Universal aus drei Komponenten. In den familienorientierten *Universal Studios* ist das Thema Hollywood: Kino-Hits wie „Men in Black", „Shrek" und demnächst auch „Harry Potter" sind Leitthemen für Hightech-Unterhaltung vom Feinsten.

Islands of Adventure ist eher ein Abenteuerspielplatz für junge Erwachsene. Hier warten die neuesten Erzeugnisse der Rollercoaster-Technologie, u. a. *Dueling Dragons,* wobei die Passagiere mit 90 km/h nur wenige Zentimeter aneinander vorbei rasen. Im dritten Abschnitt, *Wet 'n' Wild,* dreht sich alles ums Nasswerden: Hier warten die heißesten Wasserrutschen Floridas, mit Namen wie *Disco H2O* und *Brain Wash. 1000 Universal Studios Plaza, Exit 30 West des Interstate Highway 14, nahe der Kreuzung von Highway 14 und Florida Turnpike | www.uescape.com | tgl. 9–23 Uhr | Eintritt ab $ 69*

❯ BÜCHER & FILME
Der Alte Süden – eine Quelle der Inspiration

❯ **Die Abenteuer des Huckleberry Finn** – Der Roman von Mark Twain, dem Vater der modernen amerikanischen Literatur, erzählt in bis heute unerreichter Authentizität die Geschichte der Freundschaft zwischen einem heimatlosen Waisenjungen und einem entflohenen Sklaven.

❯ **Vom Winde verweht** – Die Liebesgeschichte zwischen der verwöhnten Pflanzertochter Scarlett O'Hara und dem draufgängerischen Außenseiter Rhett Butler spielt vor dem Hintergrund des Bürgerkriegs und wirkte maßgeblich bei der Imagebildung des Alten Südens mit. Nicht nur der Roman von Margaret Mitchell, auch der Film mit Vivien Leigh und Clark Gable wurde ein Welterfolg.

❯ **Their Eyes were watching God** – Das Buch der bekanntesten afro-amerikanischen Autorin der sogenannten Harlem Renaissance, Zora Neale Hurston, spielt während der 1930er-Jahre und erzählt vom Alltag schwarzer Frauen in einer Kleinstadt in Florida.

❯ **In der Hitze der Nacht** – Film über einen afroamerikanischen Polizisten aus Philadelphia, der in einer rassistischen Kleinstadt in Mississippi einen Mordfall lösen soll. Mit Sidney Poitier und Rod Steiger

❯ **Flussfahrt – Beim Sterben ist jeder der Erste** – Eigentlich als harmloses Paddelvergnügen geplant, entwickelt sich die Kanufahrt von vier Bürohengsten auf einem Fluss in den Appalachen zu einem lebensgefährlichen Kampf gegen die Elemente und schießwütige Hinterwäldler. Mit Burt Reynolds und Jon Voight

WALT DISNEY WORLD ⭐

Lust auf die Mutter aller Mega-Themenparks? Dann auf zu den *Disney Hollywood Studios* mit dem *Twilight Zone Tower of Terror* und der *Lights, Motors, Action! Stunt Show*, die jedoch nur noch einen kleinen Teil der 1971 eröffneten Disneywelt ausmachen. Das *Magic Kingdom* mit dem *Cinderella-Schloss* und der *Main Street USA* ist der klassische Teil. Das 1991 hinzugekommene *EPCOT Center* (Experimental Prototype Community of Tomorrow) zeigt, wie man sich vor einem Jahrzehnt die Welt von morgen, also die heutige, vorgestellt hat – nicht ohne nostalgischen Reiz. Die neueste der vier Hauptwelten ist *Disney's Animal Kingdom*. Daneben gibt es noch die Wasser- und Abenteuerwelten *Blizzard Beach* und *Typhoon Lagoon*. Schier unmöglich, mehr als einen Park pro Tag zu besuchen. Auf Warteschlangen vor beliebten Attraktionen sollte man gefasst sein. *Zufahrt über I 4 oder den Irlo Bronson Memorial Highway (192/530), unübersehbare Schilder zu den verschiedenen Teilen | www.disneyworld.com | tgl. 9–22, meist bis 23 oder 24 Uhr; Tageskarte für einen Park $ 71.* Mehrere Tage und für mehrere Parks gültige Karten sind im Endeffekt günstiger. Die Buchung der Tickets via Internet erspart das Warten am Eingang *(www.disneyworld.disney.go. com/wdw/index).*

▉ AUSKUNFT ▉

ORLANDO OFFICIAL VISITOR CENTER

8723 International Drive | Tel. 407/ 363 58 72 | www.orlandoinfo.com

▉ ZIEL IN DER UMGEBUNG ▉

KENNEDY SPACE CENTER　　　　[131 E3]

Keine Autostunde östlich von Orlando liegt der Nasa-Raumfahrtbahnhof auf dem *Cape Canaveral*, Start- und manchmal Landeplatz für die Space-Shuttle-Raumfähren. Am *Visitor Complex*, wo Raketen, Raumkapseln und eine Raumfähre samt Startrakete stehen, beginnen Bustouren durch das Gelände. Sie führen zur *Observation Gantry*, dem Turm, von dem aus Starts zu sehen sind (Fernglas mitbringen!), zum *Apollo/ Saturn V Center* aus der Zeit der Mondfahrten, zum *International Space Station Center*, zu den *Space Shuttle Launch Pads*, wo die Raumfähren starten, und zu anderen Raumfähreneinrichtungen. Sie können an den Haltepunkten bleiben, so lange Sie wollen, und mit einem späteren Bus weiterfahren. Neueste Attraktion: Das *Shuttle Launch Experience*, das einen mit Hilfe ausgeklügelter Multimediatechnologie den Start eines Shuttle an Bord miterleben lässt *(tgl. 10–15.45 Uhr | Abfahrt der Busse alle 15 Min., bei Raumfahrtaktivitäten können die Touren ausfallen. Zeiten der Raketenstarts unter Tel. 321/449 44 44 erfragen).* Die *Imax-Kinos* im Visitor Center zeigen spannende Filme zur Raumfahrt. *Kennedy Space Center Visitor Complex | Route 405 (via Nasa Causeway) | www.kennedyspacecenter.com | tgl. 9–19 Uhr. Verschiedene Ticketoptionen, empfehlenswert: Maximum Access Admission für $ 38 mit Zugang zum Space Center, zu beliebig vielen Imaxfilmen, interaktiven Simultationscomputern und zur Astronauts Hall of Fame*

GEORGIA & FLORIDA

SAINT AUGUSTINE

[131 E2] **1513 landete hier der spanische Eroberer Juan Ponce de León, angeblich auf der Suche nach einem Jungbrunnen.** 1565 gegründet, ist Saint Augustine, heute ein Städtchen mit kolonialspanischem Charme (12 500 Ew.), die älteste Stadt der USA. Bis 1821 war Feinden eingenommen *(tgl. 8.45 bis 16.45 Uhr | Eintritt $ 6).* Vom Castillo führt die *George Street,* eine von alten spanischen Häusern gesäumte Fußgängerstraße, zur *Plaza de la Constitucion.* Um den Platz gruppieren sich zahlreiche repräsentative Villen aus der spanischen Kolonialzeit, darunter die herrliche *Basilica Cathedrale of St. Augustine* und das luxuriöse *Casa Monica Hotel.*

Welcome to Orlando, welcome to Walt Disney World

Saint Augustine Hauptstadt des spanischen Florida.

◼ SEHENSWERTES

CASTILLO DE SAN MARCOS
Die wuchtige, Ende des 17. Jhs. erbaute Festung mit 10 m dicken und 5 m hohen Mauern kündet bis heute eindrucksvoll vom Glanz des spanischen Kolonialreichs. Sie wurde trotz mehrfacher Versuche niemals von

OLD ST. AUGUSTINE VILLAGE
Beeindruckende Zeitreise in einem Fragment des alten, spanischen Florida: Von einer verwitterten Mauer umgeben, geben hier zehn restaurierte Häuser aus dem späten 18. Jh. ein Gefühl für den Alltag und Lebensstil im alten Florida. Kleine Plätze mit Springbrunnen, patinabedeckten Statuen und alten Magnolienbäumen verzaubern. Besonders

eindrucksvoll: Das *Prince Murat House.* Hier wohnte der Neffe Napoleon Bonapartes, während er auf ein Schiff nach Norden wartete. *246 St. George Street | Mo–Sa 10–16.30, So 11-16.30 Uhr | Eintritt $ 7*

■ ESSEN & TRINKEN

Insider Tipp
CREEKSIDE DINERY
Seafood, Ribs und Steak in jovialer Segleratmosphäre, mit Blick auf den Gonzales Creek. Treff der Einheimischen. *160 Nix Boatyard Road, St. Augustine Beach | Tel. 904/829 61 13 | kein Ruhetag | €–€€*

SANTA MARIA RESTAURANT
Dockhaus in der Matanzas Bay, Spezialitäten: balearischer Fisch de Maestrez, Florida Lobster. *135 Avenue Menendez | Tel. 904/829 65 78 | im Sommer Mi geschl. | €€*

■ ÜBERNACHTEN

Insider Tipp
CARRIAGE WAY B & B
Viktorianische Schönheit mit Terrasse und Balkonen, alle Zimmer in zeitgenössischem Dekor. Im historischen Stadtzentrum. *70 Cuna Street | Tel: 904/829 24 67 | www.carriage way.com | €–€€*

CASA MONICA
Bestes Hotel in St. Augustine: Luxus im spanisch-maurischen Stil, in der Altstadt. *138 Zi. | 95 Cordova Street | Tel. 904/827 18 88 | www.casamonica.com | €€€*

■ AUSKUNFT
ST. AUGUSTINE VISITORS & CONVENTION BUREAU
88 Riberia Street | Tel. 904/829 17 11 | www.getaway4florida.com

SAVANNAH

[128 C4] ★ Verschlafener Süden, erdrückende Hitze: Die Geschichte hat es mit der Stadt an der Küste von Georgia gut und schlecht zugleich gemeint. 1733 wurde Savannah im Schachbrettmuster angelegt. 1864 ließ General Sherman auf seinem „Marsch zur See" den bis dahin zum wichtigen Baumwollhafen gediehenen Ort unzerstört. Danach verfiel Savannah – eine Folge des Niedergangs der unrentabel gewordenen Plantagenwirtschaft. Erst in den 1950er-Jahren begann der Wiederaufbau. Ein Gang durch den *historic district* der 130 000-Einwohner-Stadt ist ein Spaziergang in das Herz des Alten Südens. 21 Plätze unter alten, mit schwerem Spanischem Moos behangenen Eichen verlangsamen den Schritt. Keine zwei Häuser gleichen einander. Weitläufige Veranden, schmiedeeiserne Balkongitter, das ganze Spektrum der Pastellfarben, überall Eichen, Azaleen, Springbrunnen – hier betreten Sie eine „Vom Winde verweht"-Kulisse.

■ SEHENSWERTES
CATHEDRAL OF ST. JOHN THE BAPTIST
Nach dem Feuer von 1898 wieder aufgebaut, war der Diözese von Savannah für ihr 1876 geweihtes neogotisches Gotteshaus das beste gerade gut genug. So besteht der Altar der Kirche aus italienischem Marmor, die Fenster stammen aus Österreich und die opulenten Teppiche aus Persien. *222 East Harris Street | www.savannahcathedral.org | tgl. 9–17 Uhr*

Alte, moosbehangene Eichen in einer Allee in Savannah

COLONIAL PARK CEMETERY

Bis 1853 war dies der Friedhof der Stadt. Im Schatten alter, knorriger Bäume liegen hier prominente Kaufleute, Duellanten und Helden aus dem Unabhängigkeitskrieg. *Oglethorpe Street und Abercorn Street*

HISTORISCHE HÄUSER

Gerade außerhalb des südlich von der *Gaston Street* begrenzten historischen Zentrums, an der *514 East Huntington Street,* steht das *King-Tisdell Cottage,* ein „Gingerbread"-Haus, also mit reicher Holzschnitzverzierung (1896) und zugleich *African American Heritage Museum (tgl. 12–16.30 Uhr | Eintritt $ 3).* Auf der zwei Blocks nördlich gelegenen *Gordon Street* geht es westlich zur *Mikveh Israel Synagogue (20 East Gordon Street | Mo–Fr 10–12 und 14–16 Uhr).* Sie wurde 1878 von deutschen und portugiesischen Juden im neogotischen Stil erbaut.

Über den *Monterey Square* – rundherum schöne Häuser – führt die wichtigste Nord-Süd-Straße, die *Ball Street,* hinauf zum *Madison Square* mit der *St. John's Episcopal Church* von 1840 und dem *Green-Meldrim House (14 West Macon Street | Di, Do und Fr 10–16 Uhr | Eintritt $ 5),* einer neogotischen Mansion mit schmiedeeisernem Portal, die General Sherman als Hauptquartier nutzte.

Weiter geht es die *Bull Street* nach Norden zum *Chippewa Square* mit der *First Baptist Church,* der ältesten dieser Glaubensrichtung in Georgia, zur heute von einem Versicherungskonzern genutzten *Barrow Mansion* und zum ältesten kontinuierlich bespielten Theater des Landes, dem *Savannah Theatre.* An der *Ecke Bull Street/Oglethorpe Avenue* steht das 1821 im Regency-Stil – nach der Regency-Zeit 1810–20 in Großbritannien – erbaute *Geburtshaus* der Gründerin der amerikanischen Pfadfinderinnen, Juliette Gordon Low *(Mo/Di und Do–Sa 10–16 Uhr | Eintritt $ 5).*

Auf der *State Street* rechts, vorbei an der *Lutheran Church of the Ascen-*

sion, gelangen Sie zum *Owens-Thomas House* von 1816 *(124 Abercorn Street | Mo 12–17, Di–Sa 10–17, So 13–17 Uhr | Eintritt $ 10),* das als schönstes Regency-Gebäude des Landes gilt. Noch etwas östlich auf der *State Street, 324 East State Street,* findet sich das 1820 erbaute *Davenport House (Mo–Sa 10–16, So 13–16 Uhr | Eintritt $ 8)* im großzügigen Georgia-Federal-Stil mit exquisiten alten Chippendale-Möbeln und einem eleganten, ellipsenförmigen Treppenhaus.

Auf einer beliebigen Straße können Sie nördlich zur *St. Julian Street* gehen, auf dieser westlich über die Plätze *Warren Square* und *Reynolds Square* zum *Johnson Square* mit der *Christ Episcopal Church (tgl. 9–12 Uhr)* und ihren klassizistischen weißen Säulen (1838), an genau der Stelle, wo 1733 die Siedler das erste Gotteshaus errichtet hatten. Nördlich des *Johnson Square,* am Ende der *Bull Street,* steht die *City Hall,* das neoklassizistische Rathaus mit der typischen kupferverkleideten Kuppel aus der Zeit der Wende zum 20. Jh.

SAVANNAH HISTORY MUSEUM

Jede Menge Stadtgeschichte, spannend inszeniert: Ansprechende Ausstellungen spannen den Bogen von der Gründung über die Plantagenwirtschaft bis zum Kassenknüller „Forrest Gump". *303 Martin Luther King jr. Boulevard | Mo–Fr 8.30–17, Sa/So 9–17 Uhr | Eintritt $ 4,25*

TELFAIR MANSION AND ART MUSEUM

In Savannah war man schon immer kunstsinnig: Dieses kleine, aber feine Kunstmuseum wurde bereits 1819 eröffnet. In seinen kühlen Räumen warten römische Plastiken, europäische Impressionisten und Sylvia Shaw Judsons „Bird Girl", jene Skulptur, die durch den Film „Mitternacht im Garten von Gut und Böse" berühmt wurde. *121 Barnard Street | Mo, Mi, Fr und Sa 10–17, So 12–17 Uhr | Eintritt $ 10*

■ ESSEN & TRINKEN ■

Die meisten der guten Restaurants befinden sich im *historic district.* Die Einheimischen fahren zum Dinner gern hinaus nach Tybee Island.

ELIZABETH ON 37TH

Schönes Speisen im Fin-de-siècle-Ambiente. Seit der Eröffnung 1981 das beste Restaurant der Stadt. Elizabeth Terry kocht Südstaatengerichte vom Feinsten, etwa Shrimp Savannah und scharf gewürzte Wachteln. *105 East 37th Street | Tel. 912/ 236 55 47 | kein Ruhetag | €€–€€€*

LOCAL 11 TEN

Neu im *historic district:* moderne Southern Cuisine mit französischen Einflüssen. Klasse: Springer Mountain Chicken mit Polenta. *1110 Bull Street | Tel. 912/790 90 00 | So geschl. | €€*

■ ÜBERNACHTEN ■

AZALEA INN

Stadthaus von 1889, charmanter Service. *10 Zi. | 217 East Huntington Street | Tel. 912/236 27 07 | www. azaleainn.com | €€–€€€*

BED & BREAKFAST INN

Preiswert mitten in Savannah: urgemütlicher historischer Inn am schö-

GEORGIA & FLORIDA

nen Chatham Square. *18 Zi. | 117 West Gordon Street | Tel. 912/238 05 18 | www.savannahbnb. com | €–€€*

FOLEY HOUSE
B & B in zwei schönen alten Stadthäusern am Chippewa Square, stilecht renoviert, mit antiken Möbeln und feinem Porzellan ausgestattet. Außergewöhnlicher Service und viel Luxus, Whirlpool in einigen Zimmern. *9 Zi. | 14 West Hull Street | Tel. 912/232 66 22 | www.foleyinn.com | €€€*

■ AM ABEND
WATERFRONT AREA
In den alten Backsteinlagerhäusern an der River Street befinden sich etliche Bars, Restaurants und Nachtclubs. *John P. Rousakis Riverfront Plaza*

■ AUSKUNFT
SAVANNAH AREA CONVENTION & VISITORS BUREAU
101 East Bay Street | Tel. 912/644 64 01 | www.savcvb.com

■ ZIELE IN DER UMGEBUNG
FORT PULASKI
NATIONAL MONUMENT   [128 C4]
Meterdicke Kasematten, Schießscharten, Hängebrücken: Trutzig und düster wirkt der Bau noch heute. Das 1847 fertiggestellte Fort auf Cockspur Island sollte die Mündung des Savannah River überwachen, wurde aber 1862 nach kurzer Kanonade von Unionstruppen eingenommen. *Highway 80 | 16 km östlich von Savannah | tgl. 8.30–17.15 Uhr | Eintritt $ 3*

TYBEE ISLAND   [128 C4]
Von hier aus nahmen Unionstruppen einst Fort Pulaski unter Feuer. Heute ist die 30 km östlich von Savannah liegende Insel ein Naherholungsgebiet der Einheimischen. Hauptattraktionen sind der 5 km lange Sandstrand, die romantische Pier und der historische Leuchtturm ✹ *Tybee Island Lighthouse,* von dessen Spitze Sie einen herrlichen Blick über die Atlantikküste genießen. Auskunft: *Tybee Island Visitor Center | 802 1st Street und Highway 80 | tgl. 10–18 Uhr | www.tybeeisland.com*

Das Owens-Thomas House von 1816

> BIBEL, BLUEGRASS, BÜRGERRECHTE

Dramatische Vergangenheit, aufregende Zukunft. Und vor allem lauter kreative Menschen

> Zwei Bundesstaaten, bei denen das übrige Amerika noch immer schnell mit wenig schmeichelhaften Vorurteilen bei der Hand ist. Tennessee? Bevölkert von rückständigen Hinterwäldlern, die erst seit 1967 in der Schule von der Evolutionstheorie hören. Alabama? Wanderprediger und andere Fundamentalisten.

Auch Europäer wissen, Hollywood sei Dank, was hier los ist. Seit Gregory Peck in „Wer die Nachtigall stört" als Anwalt einen unschuldigen Schwarzen verteidigte, ist ganz Alabama schwarz-weiß gemustert.

Tennessee, 110 000 km² groß und bevölkert von 6 Mio. Menschen, macht trotz der Great Smoky Mountains im Osten und dem Mississippi im Westen einen landschaftlich unaufgeregten Eindruck. Alabama, mit 4,5 Mio. Menschen auf 133 000 km², ist mit seinen Hügeln, Wäldern und klaren Flüssen im Norden und Sandstränden im Süden ganz hübsch.

TENNESSEE & ALABAMA

Aber atemberaubend, grandios, unvergesslich? Superlative hebt man sich lieber für andere Orte im Süden auf. Wer Tennessee und Alabama bereist, kommt in erster Linie wegen der hier lebenden Menschen – und wegen ihrer Musik und Geschichte. Tennessee hat Memphis und Nashville, hat Elvis Presley und Graceland, Jazz, Rock 'n' Roll, Bluegrass und Country Music. Alabama hat die Stätten der Bürgerrechtsbewegung, hat Nasa-Forschungszentren und Gospelgesänge in Sonntagsgottesdiensten. Und beide haben sie jede Menge historischer Schlachtfelder.

BIRMINGHAM

[127 E3] **Alabamas größte Stadt (230 000 Ew.) ist eines der besten Beispiele für die Transformation des Südens.** 1871 auf Eisen- und Kohlevorkommen gegründet, galt es dank seiner Stahlindustrie als Pittsburgh des Südens, aber auch als das Johannesburg von Amerika – wegen der Rassentrennung. 1963 wurde hier das „Project C" (für: *confrontation*) gestartet, bei dem Tausende von Bürgerrechtlern, auch Martin Luther King jr., inhaf-

Die Vulkanusstatue in Birmingham erinnert an die Zeit der Stahlindustrie

tiert wurden. Zentrum des Protests war die *16th Street Baptist Church* zwischen 6th und 7th Avenue, die Stätte eines Bombenanschlags des Ku-Klux-Klan, bei dem vier kleine Mädchen starben. 1974 aber wählte die Stadt ihren ersten schwarzen Bürgermeister, heute ist sie eine schnell wachsende, moderne Metropole, die

ihre Dreckschleudern abgerissen und eine neue, smogfreie Skyline gebaut hat.

■ SEHENSWERTES

ALABAMA JAZZ HALL OF FAME

Das im historischen Carver Theatre untergebrachte Museum widmet sich allen Jazzgrößen, die aus Alabama stammen oder lange hier gespielt haben. Nat King Cole, Duke Ellington, Lionel Hampton und viele andere sind in schönen Ausstellungen verewigt, hinzu kommen lehrreiche Streifzüge durch die Geschichte des Jazz. *1631 4th Avenue North | www. jazzhall.com | Di–Sa 10–17 Uhr | Eintritt $ 2*

BIRMINGHAM CIVIL RIGHTS INSTITUTE

In mehreren teils multimedial aufbereiteten Galerien ist die Bürgerrechtsbewegung von ihren Anfängen während der Rassentrennung bis zu den blutigen Konfrontationen während der 1960er-Jahre dokumentiert. Die dramatischen Ereignisse in Birmingham – Streiks, Sit-ins, Straßenschlachten – werden nicht ausgespart. *520 16th Street North | Di–Sa 10–17, So 13–17 Uhr | Eintritt $ 10*

SIXTEENTH STREET BAPTIST CHURCH

Am 15. September 1963, kurz vor dem Gottesdienst um 11 Uhr morgens, explodierte hier eine vom Ku-Klux-Klan gelegte Bombe. Sie tötete vier kleine schwarze Mädchen. Dieses als *Sixteenth Street Baptist Church Bombing* in die amerikanische Geschichte eingegangene Verbrechen lenkte die Aufmerksamkeit der Weltöffentlicheit auf den Kampf gegen die Rassentrennung und kanalisierte die von Martin Luther King jr. geführte Bürgerrechtsbewegung. *1530 Sixth Avenue | geführte Touren Di–Fr 10–16 Uhr | $ 8*

ESSEN & TRINKEN

Insider Tipp **CANTINA**

Gemütliche Taqueria in altem Industriegebäude. Südamerikanische Spezialitäten, u. a. Churrasco Steak und Chicken Enchilladas. *2901 Second Avenue South | Tel. 205/323 69 80 | Mo abends und So geschl. | €*

EINKAUFEN

Das von einem der größten Skylights der Welt überdachte Einkaufszentrum *Riverchase Galleria (I-459 und US-31)* beherbergt Macy's, Sears, Parisians und etliche andere Kaufhäuser. Designermarken gibts im *Mountain Brook Village,* einer Nobeleinkaufszone an der *Cahaba Road.*

ÜBERNACHTEN

COBB LANE B & B

Das einzige B & B Birminghams ist in einem alten viktorianischen Haus mit zeitgenössisch eingerichteten Zimmern untergebracht. *7 Zi. | 1309 19th Street South | Tel. 205/918 90 90 | www.cobblanebandb.com | € – €€*

AUSKUNFT

GREATER BIRMINGHAM CONVENTION & VISITORS BUREAU

2200 9th Avenue North | Tel. 205/458 80 00 | www.birminghamal.org

CHATTANOOGA

[127 F2] „Pardon me, boy, is that the Chattanooga Choo-Choo?" beginnt Glenn Millers berühmtes Stück, und selten wird ein Ort so sehr mit einem Lied assoziiert wie Chattanooga. Die Anfang des 19. Jhs. am Tennessee River gegründete Stadt (155 000 Ew.) wuchs so schnell, dass sie zu Beginn der 1970er-Jahre von der Bundesregierung den zweifelhaften Titel „Dirtiest City in America" erhielt. Die Stadtväter steckten daraufhin die Köpfe zusammen und vollbrachten eine beispiellose Kehrtwende: 18 000 Jobs in der veralteten verarbeitenden Industrie wurden gestrichen und neue, den Tourismus ankurbelnde Projekte realisiert.

MARCO POLO HIGHLIGHTS

★ **US Space and Rocket Center**
Die Raketen und Raumfähren der NASA
(Seite 73)

★ **Graceland**
Die Legende Elvis lebt – das ist auch an seinem Grab zu spüren
(Seite 74)

★ **Country Music Hall of Fame**
Tempel der Musik des weißen Amerika in Nashville
(Seite 80)

★ **Grand Ol' Opry**
Wäre Nashville ein Synonym für Musik ohne diese Radioshow?
(Seite 81)

CHATTANOOGA

SEHENSWERTES

BLUFF VIEW ART DISTRICT
Überschaubares Carré aus alten Häusern hoch über dem Fluss: Der Bluff View Art District bietet Restaurants, Coffeeshops, Kunstgalerien und Workshops und nette Innenhöfe, in denen oft Livemusik gespielt wird. *High und East Street*

Insider Tipp

CHATTANOOGA AFRICAN-AMERICAN MUSEUM
Anders als ihre Leidensgenossen auf den Baumwollplantagen arbeiteten die Sklaven in Chattanooga in Haushalten und auf dem Tennessee River. Viele waren freie Unternehmer, nicht wenige Ärzte, Kaufleute und Rechtsanwälte. Dieses inspirierende Museum erzählt ihre Geschichten. Untergebracht ist es in der Bessie Smith Hall. Die „Empress of Blues" wurde 1894 hier geboren. *200 East Martin Luther King Boulevard | Mo–Fr 10–17, Sa 12–16 Uhr | Eintritt $ 5*

CHATTANOOGA CHOO-CHOO
Wo einst 70 Züge täglich verkehrten, betten heute müde Touristen in alten Schlafwagen das Haupt. Der 1971 stillgelegte Southern Railway Terminal präsentiert sich nach einer umfassenden Renovierung als ansprechendes Konferenz- und Unterhaltungszentrum mit einem originellen Holiday Inn, herrlichen Gärten, vier Restaurants und 14 Geschäften. *1400 Market Street | www.choochoo.com*

THE HOUSTON MUSEUM OF DECORATIVE ARTS
Als Anna Safley Houston im Jahr 1951 arm wie eine Kirchenmaus starb, wurde sie wegen ihres Sammelwahns – Glaswaren und über 15 000 Kannen – als verschrobene *Antique Annie* belächelt. Heute gilt ihre Sammlung erlesener Glaswaren – darunter Stücke von Tiffany und Steuben – als unbezahlbar. *201 High Street | Mo–Fr 9.30–16 Uhr | Eintritt $ 7*

TENNESSEE AQUARIUM
Das 45 Mio. Dollar teure Süßwasseraquarium gehört zu den besten des Landes. In über 20 riesigen Behältern zeigt es die Unterwasserflora und -fauna des Tennessee River sowie für Afrika und Südamerika typische Unterwasserhabitate. Über 10 000 Fisch-, Reptilien und Amphibienarten tummeln sich hier. Zum Aquarium gehört ein Imax-Kino. *1 Broad Street | www.tnaqua.org | tgl. 10–18 Uhr | Eintritt $ 14, Imax-Ticket $ 8*

ESSEN & TRINKEN

BACK INN CAFÉ
Insid Tip
Kreative Küche ohne Grenzen, mit den besten Produkten aus der Umgebung. Schöner Blick auf den Fluss. *411 East 2nd Street | Tel. 423/265 50 33 | kein Ruhetag | €*

DINNER IN THE DINER
Bestes Filet Mignon, serviert im Chattanooga Choo-Choo. *1400 Market Street | Tel. 423/266 50 00 | kein Ruhetag | €–€€*

ÜBERNACHTEN

CHATTANOOGA CHOO-CHOO HOLIDAY INN
Über 300 Zimmer, viele davon in alten Eisenbahnwaggons. *360 Zi. | 1400 Market Street | Tel. 423/266 50 00 | www.choochoo.com | €€*

TENNESSEE & ALABAMA

CASCADES MOTEL
Einfaches Motel, aber sauber und preiswert. *36 Zi. | 3625 Ringgold Road | Tel. 423/698 15 71 | Fax 698 73 16 | €*

■ AUSKUNFT ■
CHATTANOOGA AREA CONVENTION AND VISITORS BUREAU
2 Broad Street | Tel. 423/756 86 87 | www.chattanoogafun.com

■ ZIELE IN DER UMGEBUNG ■
CHICKAMAUGA AND CHATTANOOGA NATIONAL MILITARY PARK [127 F2]
Als Verkehrsknotenpunkt war Chattanooga im Bürgerkrieg heiß begehrt. 1863 war es soweit: In mehreren blutigen Schlachten gelang es den Unionstruppen, die strategisch wichtige Stadt einzunehmen. Stille Spazierwege führen heute über das waldige Terrain, Schilder verweisen auf blutige Konfrontationen. Ein Besucherzentrum informiert detailgenau über den Verlauf der Schlachten. *Highway 27 | www.nps.gov/chch | tgl. 8–16.45 Uhr | Eintritt $ 3*

LOOKOUT MOUNTAIN ❋ [127 F2] Insider Tipp
Am Südrand von Chattanooga erhebt sich der Lookout Mountain, der Hausberg der Stadt. Seit dem 19. Jh. ein beliebtes Ausflugsziel, lockt er bis heute mit drei lohnenswerten Sehenswürdigkeiten. Mit der aus den 1890er-Jahren stammenden *Incline Railway | 827 East Brow Road | Sommer tgl. 8.30–21.30 Uhr, Frühjahr und Herbst tgl. 9–18 Uhr | Ticket $ 12,* geht es zunächst hinauf – zuletzt bei 72 Prozent Steigung.

Glenn Miller machte ihn weltbekannt: Chattanooga Choo-Choo

Oben wartet ein Shuttlebus. Er bringt die Besucher zu den *Ruby Falls (tgl. 8–20 Uhr | Eintritt $ 14,95),* die mit fast 50 m Höhe als höchste unterirdische Wasserfälle der Welt firmieren. Mit dem Aufzug geht es hinab, ein niedriger Tunnel führt zu dem mit einer dramatischen Lightshow wirksam in Szene gesetzten Wasserfall. Im Tageslicht bleibt man beim Besuch der *Rock City Gardens (tgl. 8.30–16 Uhr | Eintritt $14,95).* Dieser von Schluchten und bizarren Felsformationen geprägte Teil des Bergs liegt bereits in Georgia und wird am besten mit dem Auto besucht.

OCOEE RIVER RAFTING [127 F2]
Wo 1996 die olympischen Kajakwettbewerbe stattfanden, tummeln sich heute abenteuerlustige Touristen: Der Ocoee River mit seinen Klasse-III-Stromschnellen ist ein Paradies für Wassersportler. Veranstalter: *Ocoee Rafting | Tel. 1800/ 251 48 00 | www.ocoeerafting.com*

HUNTSVILLE

[127 E2] Selten ist das Nebeneinander von altem und modernem Süden so augenfällig wie hier im nördlichen Alabama. In zwei alten Wohnvierteln, der *Old Town* am *Courthouse Square* und dem *Twickenham Historic District,* steht die größte Ansammlung von Antebellumhäusern, Erinnerung an die älteste englischsprachige Siedlung des Staats, die 1819 den Beitritt zu den Vereinigten Staaten beantragte.

Aber Huntsville (170 000 Ew.) ist auch die Stadt, in der die amerikanischen Streitkräfte nach dem Zweiten Weltkrieg ihre Raketenforschungsvorhaben konzentrierten. Gelegen kam ihnen dabei, dass sie den Deutschen Werner von Braun und über 100 seiner Kollegen aus dem V-2-

> HOWDY? GEE, WHIZ!
Die Südstaatler sprechen anders

Neun Jahre Englisch in der Schule gelernt und doch kein Wort verstanden? Im äußersten Süden der Vereinigten Staaten ist das erklärbar. In Miami sprechen die meisten Einheimischen Spanisch, das Englische kommt vielen nur schwer über die Zunge. Südwestlich von New Orleans fließt viel Französisch ein, obwohl es in den Schulen verboten war. Ansonsten aber sprechen die Südstaatler mit dem *southern drawl,* sie ziehen die Worte gern zusammen. *Howdy,* wie gehts, sagen sie anstatt *How do you do?* Im Bible Belt, wo alle tief gläubig sind, wird der Name des Herrn nicht missbraucht. Wer ihn dennoch erschrocken ausruft, ruft nicht *by God,* sondern *by Gosh.* Und *damned,* verdammt, ist nichts und niemand. Oder doch? *Keep your darned cotton picken hands out of the sugar bowl* heißt eigentlich: Lass deine verdammten Baumwollpflückerhände aus der Zuckerdose. *Gee, whiz,* wird das ermahnte Kind darauf ausrufen – und vielleicht nicht wissen, dass es gerade Jesus – *Gee* – um Verzeihung für seine Schandtaten gebeten hat.

Projekt nach kurzer Entnazifizie-rungsperiode als Wissenschaftler ge-wannen.

■ SEHENSWERTES ■

US SPACE AND ROCKET CENTER ⭐

Interessanter als das Kennedy Space Center in Florida: die größte Ausstellung von Weltraumfahrzeugen über-haupt. Hier stehen die Raketen, die Amerika zur führenden Macht im Weltraum werden ließen. Sie können den Nachbau eines Space Shuttle be-sichtigen, in den Schwerelosigkeits-simulator steigen, die atemberauben-den Fotos der Astronauten sehen und die Exponate der Raumfahrt aus nächster Nähe betrachten. *1 Tranqui-lity Base | tgl. 9–17 Uhr | Eintritt $ 16 | 8 km westlich von Downtown (I-565)*

■ ESSEN & TRINKEN ■

CAFÉ BERLIN

Hier bekommen Sie gutes deutsches Schnitzel und warmen Kartoffelsalat, dazu gibt es gute Rheinweine auf ei-ner schönen Terrasse. *4800 Whites-burg Drive | Tel. 256/880 99 20 | Sa mittags und So geschl. | €*

■ ÜBERNACHTEN ■

FOUR POINTS BY SHERATON

Sheraton Inns sind etwas einfacher ausgestattet und deshalb günstiger als Sheraton-Hotels. Trotzdem gibt es einen Swimmingpool, Tennis-plätze, Fitnesscenter und einen Golf-platz. Das Four Points liegt nahe bei Flughafen und US Space and Rocket Center. *148 Zi. | 1000 Glenn Hearn Boulevard | Tel. 256/772 96 61 | Fax 464 91 16 | €€*

HUNTSVILLE HILTON

Das moderne Hochhaus mitten in Downtown ist mit Bar, Restaurant, Swimmingpool und Joggingbahn ausgestattet. *277 Zi. | 401 Williams Avenue | Tel. 256/533 14 40 | Fax 534 45 81 | €€*

Astronautenanzug im US Space and Rocket Center

■ AUSKUNFT ■

HUNTSVILLE CONVENTION & VISITORS BUREAU

500 Church Street | Suite 1 | Tel. 256/ 551 22 30 | Fax 551 23 24 | www. huntsville.org

MEMPHIS

[126 C2] **Man denkt an Raddampfer auf dem Mississippi und an Elvis – und vergisst, dass die 670 000-Einwohner-Stadt noch viel mehr zu bieten hat.** Museen, Galerien und immer wieder Musik, sei es Blues, sei es Rock 'n' Roll – Memphis unterhält wie ein alter Profi. 1819 wurde die Stadt gegründet, bis zum Bürgerkrieg wuchs sie zu einem Umschlaghafen für Baumwolle und dem größten Sklavenmarkt der Region heran. Unionstruppen eroberten sie früh, nach Kriegsende erlebte die Stadt alle Höhen und Tiefen.

Ihr hoher schwarzer Bevölkerungsanteil und die Jim-Crow-Gesetze machten sie zum Fluchtpunkt für Schwarze aus dem gesamten Süden der USA. Das schrittweise Ende der Rassentrennung und die damit verbundene Abwanderung der Musikszene, die Ermordung Martin Luther Kings 1968 und der Tod von Elvis Presley 1977, der mehr als 30 Jahre zuvor hier seine ersten Schallplatten aufgenommen hatte, stürzten Memphis in die Krise. Musik war auch einer ihrer Retter: Graceland, das Elvis-Presley-Anwesen und letzte Ruhestätte des „King", entwickelte sich zum Besuchermagneten. Danach wurde Beale Street, die Wiege des Blues, geliftet, während sich weltweit operierende Unternehmen wie Federal Express hier niederließen. Und die Menschen, noch immer mehr schwarz als weiß, genießen: Memphis feiert über 150 Musikfestivals im Jahr und nennt sich stolz „porc barbecue capital of the world!"

■ SEHENSWERTES ■

CENTER FOR SOUTHERN FOLKLORE

Der Alltagskultur der Bewohner von Memphis und Umgebung am nächsten ist dieses aus Museum, Galerien, Restaurant und Konzerthalle bestehende Zentrum. Bei einem Bummel durch die wechselnden Ausstellungen kann man sich in die Folklore des Süden vertiefen. *119 South Main Street | Mo–Sa 11–18 Uhr | www.southernfolklore.com*

CHURCH OF THE FULL GOSPEL TABERNACLE

Insider Tipp

Memphis ist nicht nur Elvis, Blues und Rock 'n' Roll, die Stadt steht auch für schwungvolle Gospelgottesdienste. In der Hale Street zelebriert kein Geringerer als der frühere Soulstar Al Green (u. a. „Let's stay together" und „Put a little love in your heart") die Messe. Green, nach privaten Schlüsselerlebnissen vom Soul auf Gospel umgestiegen, singt meist am Sonntagmorgen um 11 Uhr. Vorher anrufen! *787 Hale Road | Tel. 901/396 91 92 | www.algreenmusic.com*

GRACELAND ★

Nie gehört? Dann vergessen. Irgend etwas rockt innerlich? Nichts wie hin! Graceland, das Anwesen des King of Rock 'n' Roll, ist etwas für Fans. Täglich werden Besucher aus aller Welt durch das Haus gelotst, vorbei an Seinen Anzügen, Seinen Autos und Seinem Jet. An seinem Grab werden Tränen vergossen, das macht 15 Dollar, thank you very much. *3764 Elvis Presley Boulevard. 20 km südöstlich von Downtown | Mo–Sa 9–17, So 10–16 Uhr | Touren ab $ 15*

TENNESSEE & ALABAMA

MEMPHIS ROCK 'N' SOUL MUSEUM

Das Museum in der wohl berühmtesten Musikstraße Amerikas ist der Musikstadt Memphis und ihren talentierten Musikern gewidmet. *191 Beale Street | tgl. 10–19 Uhr | Eintritt $ 10*

MISSISSIPPI RIVER MUSEUM

Hier können Sie alle Bootstypen, die jemals auf dem Mississippi unterwegs waren, betrachten und erfahren alles über den Weg des Blues von den Plantagen bis nach Memphis – und noch einiges mehr an Kulturgeschichte. *Mud Island River Park, 125 North Front Street | tgl. 10–20 Uhr | Eintritt $ 8*

THE NATIONAL CIVIL RIGHTS MUSEUM

Ergreifend und nichts für sanfte Gemüter, dennoch ein Muss für Memphisbesucher: Das Museum erzählt die Geschichte der Bürgerrechtsbewegung mit Zeitdokumenten und interaktiven Ausstellungen. Untergebracht ist es im ehemaligen Lorraine Motel. 1968 wurde Martin Luther King jr. hier erschossen. *450 Mulberry Street | www.civilrightsmuseum.org | Mo–Sa 9–17, So 13–17 Uhr | Eintritt $ 12*

SUN STUDIO

Wiege des Rock 'n' Roll: In dem winzigen Studio nahmen in den 50er Jahren Legenden wie Johnny Cash, Elvis Presley, Jerry Lee Lewis und Roy Orbison einige ihrer größten Hits auf. Touren durch die winzigen, noch immer genutzten Räume erinnern an die Sternstunden der Popmusik. *706 Union Avenue | www.sunstudio.com | Eintritt $ 10*

Auch mehr als 30 Jahre nach seinem Tod unvergessen: Elvis Presley

■ ESSEN & TRINKEN ■

ALFRED'S

Ribs und Pub-Food: hervorragend, aber eigentlich nur eine Kleinigkeit für zwischendurch … *197 Beale*

■ AM ABEND ■

BLUES CITY CAFÉ

Pub-Gerichte und jeden Abend Blues und Rhythm and Blues live. *138 Beale Street | Tel. 901/526 36 37*

Im Blues City Café gibts jeden Abend Livemusik

Street | Tel. 901/525 37 11 | kein Ruhetag | €

RENDEZVOUS

Viel Platz für BBQ-Süchtige, Spezialität des Hauses: *ribs, ribs, ribs. 52 South Second Street | Tel. 901/523 27 46 |* € – €€

■ ÜBERNACHTEN ■

FRENCH QUARTER SUITES HOTEL *(Insider Tipp)*

Angenehmes, kreolisch inspiriertes Suitenhotel. Viel Unterkunft für wenig Geld! *105 Zi. | 2144 Madison Avenue | Tel. 901/728 40 00 | www.memphisfrenchquarter.com |* € – €€

RUM BOOGIE CAFÉ

Hier spielen Memphis' Lokalmatadore. *182 Beale Street | Tel. 901/528 01 50 | kein Ruhetag*

■ AUSKUNFT ■

MEMPHIS CONVENTION & VISITORS BUREAU

47 Union Avenue | Tel. 901/543 53 00 | www.memphistravel.com

MOBILE

[127 D5] Feiern kann die Stadt: Der Karneval von Mobile, der Mardi Gras, ist noch älter als der von New Orleans. Auch sonst haben die Franzosen, die 1711 hier eine Niederlassung gründeten und diesen Teil Französisch-Nordamerikas bis 1763 kontrollierten, Spuren hinterlassen: In Mobile nimmt man sich gern Zeit für ein Schwätzchen, und zahlreiche Straßencafés signalisieren die – etwas anderen – Prioritäten der Einheimischen.

Während des Bürgerkriegs war der an der tief ins Land reichenden Mobile Bay liegende Hafen heftig umkämpft. Im April 1865 gelang es Unionstruppen schließlich, den Ort zu besetzen. 2005 setzte Hurrikan "Katrina" die Innenstadt unter Wasser. Heute überrascht die quirlige, knapp 200 000 Einwohner zählende Stadt mit breiten Boulevards und einem nach alten Plänen modernisierten Stadtzentrum, wo aller Hektik zum Trotz noch immer das alte Herz des Südens schlägt.

■ SEHENSWERTES

BRAGG-MITCHELL MANSION

"Vom Winde verweht"-Atmosphäre: Die herrschaftliche, Greek Revival und Renaissance-Elemente geschmackvoll vereinende Residenz ist von alten, moosbehangenen Eichen umgeben und gilt als das schönste Antebellum-Haus der Stadt. 1855 erbaut, war es bis Kriegsausbruch der gesellschaftliche Mittelpunkt der Pflanzeraristokratie. Führungen durch die mit zeitgenössischem Mobiliar dekorierten Räume vermitteln einen Eindruck von Glanz und Gloria des Antebellum. *1906 Spring Hill Avenue | www.braggmitchellman sion.com | Di–Fr 10–16 Uhr | Eintritt $ 5*

FORT CONDÉ

Das mit Schießscharten, Bastionen und in französische Uniformen gekleidetem Personal ausstaffierte Fort Condé ist eine Replik des 1735 fertiggestellten Forts. Von Spanien und England heftig begehrt, wechselte es mehrmals den Besitzer. Ein kleines Museum erzählt seine aufregende Geschichte. *150 South Royal Street | tgl. 8–17 Uhr | Eintritt frei*

MOBILE CARNIVAL MUSEUM

Die Geschichte des Mardi Gras in Mobile, von der ersten wilden Parade im Jahr 1830 bis heute. Farbenprächtige Kostüme, geschmückte Umzugswagen, Krone und Zepter. *355 Government Street | Mo, Mi, Fr und Sa 9–16 Uhr | Eintritt $ 5*

USS ALABAMA BATTLESHIP MEMORIAL PARK

Der Park an der Mobile Bay östlich der Downtown ist den Veteranen der letzten Kriege gewidmet. Hauptattraktion des Memorial Park ist das Schlachtschiff "USS Alabama", das während des Zweiten Weltkriegs im Pazifik eingesetzt wurde. Der Bordalltag der 2500 Mann starken Besatzung erschließt sich auf Touren durch das Innere des grauen Giganten. *2703 Battleship Parkway | www. ussalabama.com | April–Sept. tgl. 8–18, sonst 8–16 Uhr | Eintritt $ 12*

■ ESSEN & TRINKEN

BRICK PIT BARBECUE

Das Schild draußen übertreibt nicht: "Welcome to the best damn smoked BBQ in the state of Alabama" steht da geschrieben. *5456 Ol Shell Road | Tel. 251/343 00 01 | €€*

DEW DROP INN

Ältester Diner der Stadt, seit den 1920er-Jahren unverändert. Mit Kellnerinnen, die ihren Gast „precious" nennen. Hamburger, Hot Dogs etc. *1808 Old Shell Road | Tel. 251/473 78 72 | €*

■ ÜBERNACHTEN

ADMIRAL SEMMES HOTEL

Außen pfui, innen hui: Das zentral gelegene Hotel besticht mit eleganter Lobby und stilvoll eingerichteten Zimmern. *170 Zi. | 251 Government Street | www.radisson.com/mobileal | Tel. 251/432 80 00 | €€*

BEST WESTERN BATTLESHIP INN

Preiswert schlafen mit Blick auf die USS Alabama. *98 Zi. | 2701 Battleship Parkway | Tel. 251/432 27 03 | Fax 432 61 11 | €–€€*

MALAGA INN

Zwei hübsche, um einen Garten herumgebaute Stadthäuser von 1862. Im *historic district. 35 Zi. | 359*

>LOW BUDGET

> Der pinkfarbene Trolleybus der *Memphis Area Transit Authority (MATA)* verbindet die Beale Street mit zahlreichen Sehenswürdigkeiten, u. a. dem National Civil Rights Museum, und kostet nur $ 1 pro Fahrt.

> Im *Farmer's Market Café* in Montgomery wird man für schon für $ 4 satt. Und zwar nicht schlecht: Die Speisekarte führt Spezialitäten wie *Fried Catfish* und *Texas Peas (315 North McDonough Street | Tel. 334/262 19 70).*

Church Street | Tel. 251/438 47 01 | www.malagainn.com | €–€€

■ AUSKUNFT

MOBILE BAY CVB

1 Water Street | Tel. 251/208 20 00 | www.mobile.org

MONTGOMERY

[127 E4] **Alabamas Hauptstadt (200 000 Ew.) hat seit ihrer Gründung 1817 alle Probleme der Südstaaten miterlebt.** Während der ersten drei Monate des Bürgerkriegs war das Handels- und Importzentrum die Hauptstadt der Konföderierten. Im Kapitol wurde Jefferson Davis als Präsident vereidigt, unweit davon residierte er im Weißen Haus der Südstaatenrepublik. 100 Jahre später weigerte sich Rosa Parks, ihren Platz im Bus für einen Weißen zu räumen und brachte damit die Bürgerrechtsbewegung ins Rollen.

■ SEHENSWERTES

ALABAMA STATE CAPITOL

Im Februar 1861 traf Jefferson Davis in Montgomery ein und trat umgehend sein Amt als Präsident der Konföderierten an. Ein Stern unter dem westlichen Portikus markiert die Stelle, wo er vereidigt wurde. Das 1851 im Greek-Revival-Stil erbaute Gebäude mit der 30 m hohen Kuppel ist heute Sitz der Regierung des Bundesstaats Alabama. *Capitol Hill | Mo–Sa 9–16 Uhr | Eintritt frei*

DEXTER AVENUE KING MEMORIAL BAPTIST CHURCH

1955/56 war die kleine Kirche an der Dexter Avenue die Schaltzentrale während des *Montgomery Bus Boycott:* Die Schwarzen der Stadt protestierten gegen die Rassentrennung in den Bussen. Fast ein Jahr lang blieben die Busse leer. Während dieser Zeit schälte sich der Reverend der Kirche, Martin Luther King jr., als Führer der Bürgerrechtsbewegung heraus. *454 Dexter Avenue | geführte Touren Mo–Do 10 und 14, Fr 10, Sa 10–14 Uhr | Eintritt $ 5*

ROSA PARKS LIBRARY AND MUSEUM (TSUM)

Die Weigerung der Näherin Rosa Parks, ihren Sitzplatz im Bus einem Weißen zu überlassen, löste 1955 den Montgomery Bus Boycott aus, der als Initialzündung der Bürgerrechtsbewegung gilt. Das Museum zeigt ein Modell des Busses und bewegende Filmdokumente aus jener Zeit. *252 Montgomery Street | www.montgomery.troy.edu/rosaparks/museum | Mo–Fr 9 –17, Sa 9–15 Uhr | Eintritt $ 5,50*

■ ESSEN & TRINKEN ■

CORSINO'S

Der Italiener vor Ort: Gradlinige italienische Küche, mittags zum Platzen voll. *911 Court Street | Tel. 334/263 97 52 | Sa/So geschl. | €€*

■ ÜBERNACHTEN ■

RED BLUFF COTTAGE

Hübsches B & B hoch über dem Alabama River im historischen *Cottage Hill District* der Stadt. Das Haus ist mit wertvollen Antiquitäten geschmackvoll eingerichtet. *6 Zi. | 551 Clay Street | Tel. 334/264 00 56 | Fax 263 30 54 | www.redbluffcottage.com | €€*

1851 erbaut: das Alabama State Capitol

■ **AUSKUNFT**

MONTGOMERY AREA CHAMBER OF COMMERCE

300 Water Street | Tel. 334/226 00 13 | www.visitingmontgomery.com

It's finger picking good – und die Kappe sorgt für einen kühlen Kopf

NASHVILLE

[127 E1] Nashville (600 000) und Country Music sind so unzertrennlich wie der Eiffelturm und Paris. Garth Brooks, Martina McBride, Shania Twain und die Dixie Chicks, sie alle produzieren in Nashville, der „Music City" – und fahren Umsätze ein, von denen Elton John und andere Großverdiener des Mainstream Pop nur träumen können. Täglich wird die Stadt am Cumberland River von Busladungen countryverrückter Touristen in karierten Hemden, Jeans und Cowboystiefeln überschwemmt. Stilgerecht gekleidet geht es dann in die Grand Ol' Opry, wo von Tanya Tucker über Dolly Parton bis Carrie Underwood alles gesungen hat, was in der Volksmusik des weißen Amerika Rang und Namen hat. Die Grand Ol' Opry, eine populäre Radioshow, sendete erstmals 1927, und die Interpreten mussten sich zu den Sendeterminen am Wochenende bereithalten – bald umkreisten Talente die Stadt wie Motten das Licht. Nashvilles traditionell liberale Atmosphäre half mit: Schüler und Studenten prägen das Bild. 1779 als Fort Nashborough gegründet, ließ der rege Handel auf dem Fluss den Ort rapide wachsen. Im Bürgerkrieg sah die Stadt blutige Schlachten vor ihren Toren, danach erholte sie sich dank ihrer strategisch günstigen Lage schnell. Heute vergisst man leicht, dass Nashville auch die Hauptstadt Tennessees ist. Mit 16 Colleges und Universitäten, ganz oben mitspielenden Football- und Eishockeymannschaften und guten Restaurants gehört Nashville zu den kulturellen Zentren Nordamerikas.

■ **SEHENSWERTES**

COUNTRY MUSIC HALL OF FAME ★

2001 von der Music Row in den 37-Mio.-Dollar-Bau gezogen, ist dies der heilige Gral der Countryfans. Jeans, Gürtelschnallen und Stiefel von Loretta Lynn, Tex Ritter und Patsy Cline, einer von Elvis' Cadillacs, Videoschirme und Ausstellungen zur Geschichte dieser Musik verwandeln den Besuch in einen Spaziergang durch die amerikanische Seele. *222 5th Avenue South | www.countrymusichalloffame.com | tgl. 9–17 Uhr | Eintritt $ 17,95*

FRIST CENTER FOR THE VISUAL ARTS

Nationale und internationale, oft spektakuläre Wanderausstellungen. Der regionalen Kunstszene widmen die Kuratoren besonders viel Raum. *919 Broadway | www.fristcenter.org | Mo–Mi 10–17.30, Do/Fr 10–21, Sa 10–17.30, So 13–17.30 Uhr | Eintritt $ 8,50*

TENNESSEE STATE MUSEUM

Von den Überfällen der Chickamauga und Cherokee unter ihrem Kriegshäuptling Dragging Canoe über den Pfadfinder Davy Crockett und Kriegshelden wie Andrew Jackson und Sam Houston bis zur Gegenwart: Die ausgezeichneten Ausstellungen lohnen die Pause von der Musik. *505 Deaderick Street | www.tnmuseum.org | Di–Sa 10–17, So 13–17 Uhr | Eintritt frei*

■ ESSEN & TRINKEN ■

SUNSET GRILL

Innovative Küche mit mediterranen und kreolischen Einsprengseln. Hangout der Country-Music-Szene. *2001 Belcourt Avenue | Tel. 615/386 36 63 | kein Ruhetag | €€*

WHITT'S

Wiederholt von der Lokalpresse zum besten BBQ-Restaurant der Region gewählt. *5310 Harding Pike | Tel. 615/356 34 35 | kein Ruhetag | €€€*

■ ÜBERNACHTEN ■

COMFORT INN DOWNTOWN NASHVILLE

Modernes Hotel zu vernünftigen Preisen. *144 Zi. | 1501 Demonbreun Street | Tel. 615/255 99 77 | www.comfortinnnashville.com | €–€€*

OPRYLAND HOTEL

Gehört zu den 25 größten Hotels der Welt. Mit Wasserfall, Pool und Konzerthalle. *2900 Zi. | 2800 Opryland Drive | Tel. 615/889 10 00 | Fax 871 57 28 | www.gaylordopryland.com | €€€*

■ AM ABEND ■

GRAND OL' OPRY ★

An Freitag- und Samstagabenden wird hier Nashvilles legendäre Radioshow produziert. Auf der Bühne stehen altgediente Lokalmatadore neben Veteranen wie Reba McIntyre und hoffnungsvollen Newcomern. Am besten telefonisch und weit im Voraus bestellen. *2802 Opryland Drive | Tel. 615/871 67 79 | Eintritt $ 32,50–47.50 | www.opry.com*

COWBOY CHURCH AT TEXAS TROUBADOUR THEATRE

Only in America: Jeden Sonntagmorgen um 10 Uhr singen Harry Yates und Joanne Cash Yates Loblieder auf den Herrn – zu mitreißender, live vorgetragener Country- und Gospelmusik. *2416 Valley Drive | www.nashvillecowboychurch.org*

■ AUSKUNFT ■

NASHVILLE CONVENTION & VISITOR BUREAU

150 4th Avenue North, Suite G-250, Tel. 615/259 47 00 | www.visitmusiccity.com

> DEEP DOWN IN DIXIE

Die Langsamkeit entdecken – und das Lotterleben:
Am Mississippi ist alles möglich

> Im ländlichen Mississippi entspricht der Alte Süden seinem Klischee am ehesten. Sobald man die I-55 verlässt, kommt man dort an. Dort, das sind verschlafene Nester mit verwunschenen alten Residenzen unter ausladenden Magnolien.

Das sind lauschige Gärten, in denen Nachbarn sich zum BBQ treffen und den neuesten Klatsch austauschen. Sind eben jene *front porches,* die man aus Filmen wie „In der Hitze der Nacht" kennt und wo die Einheimi-

schen vor Fliegengittertüren über zwei Themen besonders gern reden: die Vergangenheit und den Verlust von Sitte und Anstand.

Die alten Zeiten, sie leben hier fort. Vor allem – so morbid das auch klingt – auf den Friedhöfen, wo frische Blumen noch immer so regelmäßig vor konföderierte Reiterstandbilder gelegt werden, als sei der Krieg erst gestern zu Ende gegangen. Altes wird getreulich bewahrt. Die

Bild: French Quarter in New Orleans

MISSISSIPPI & LOUISIANA

Antebellum-Residenz, die nun für Touristen restauriert wird ebenso wie die Geschichte vom Nachbarsjungen Billy-Bob – wie er damals um die Hand von Anna-Mae anhielt und dabei aus dem Schaukelstuhl fiel.

Das feuchte, subtropische Klima tut ein übriges, um die Geschwindigkeit zu verlangsamen. Schritttempo wäre angemessen – so finge man die vielen Geschichten am besten auf. Allzu schnell geht es ohnehin nicht

vorwärts, nicht einmal auf dem Natchez Trace Parkway, der an herrlichen Antebellum-Häusern vorbeiführt und durch weite Felder, wo außer Baumwolle jetzt auch Mais und Reis angebaut werden.

Stadt- und Straßennamen am Golf verraten: Hier gaben Spanier, Franzosen, Engländer und Amerikaner ihre Visitenkarte ab. Hier, und natürlich drüben in Louisiana. Ah, Louisiana! Dieser Staat ist anders als alles, was die USA sonst zu bieten haben. Pelikane und Alligatoren in den Zypressensümpfen des Mississippidelta! Gerichte mit sonderbaren Namen wie Gumbo, Andouille, Boudin und Jambalaya, und eine Musik, bei der man nicht still sitzen kann. Und schließlich New Orleans, Wiege des Jazz und Louis Armstrongs, *the*

(Roter Stab) blieb. Er stammt – angeblich – von Sieur d'Iberville. Der Frankokanadier kam im Jahr 1699 hier vorbei. Er bemerkte am Ufer des Mississippi einen mit Tierblut beschmierten Stock, der wohl zwei Indianerstämmen als Grenzmarkierung diente. 1719 gründeten französische Pflanzer die Stadt. 1849 wurde Baton

Hervorragend: das Louisana State Capitol in Baton Rouge

big easy, haltlose, laszive Schönheit im Mississippidelta, dessen Menschen nur eines im Sinn zu haben scheinen: Gut zu essen und zu trinken und gute Gastgeber zu sein.

BATON ROUGE

[126 C5] **Viele Besitzer hat der Seehafen 130 km nordwestlich von New Orleans gehabt, doch der unamerikanische Name**

Rouge Hauptstadt des Bundesstaats Louisiana, die längste Zeit des Bürgerkriegs war sie von Unionstruppen besetzt. Im September 2005 nahm es über 200 000 vor „Katrina" aus New Orleans geflüchtete Menschen auf. Heute hat Baton Rouge 230 000 Einwohner und eine bedeutende petrochemische Industrie und gilt als eine der am umfassendsten vernetzten Städte der USA.

> *www.marcopolo.de/usa-sued*

◼ SEHENSWERTES ◼

LOUISIANA STATE CAPITOL ☼

Allein der Blick vom 27. Stockwerk auf den Ol' Man River lohnt den Besuch. 1932 wurde der einem Sowjetgebäude nicht unähnliche Bau fertig gestellt, im Auftrag von Gouverneur Huey Long, dem man Verbindungen zur Mafia wohl nachsagte, aber niemals nachwies. Feinde hatte der streitbare Politiker genug: 1935 wurde er auf der Freitreppe zum Kapitol erschossen. Statuen, Wandmalereien und ein gutes Besucherzentrum runden die Stippvisite ab. *State Capitol Drive | tgl. 8–16.30 Uhr | Eintritt frei*

◼ ESSEN & TRINKEN ◼

JUBAN'S

Fein abgestimmte kreolische Küche in einem hübschen Innenhof. *3739 Perkins Road | Tel. 225/346 84 22 | So geschl. | €€–€€€*

◼ ÜBERNACHTEN ◼

Insider Tipp

BEST WESTERN CHATEAU LOUISIANE

Erschwinglich, das einzige Boutiquehotel der Stadt. *50 Suiten | 710 North Lobdell Avenue | Tel. 225/ 927 67 00 | Fax 664 85 00 | €€*

◼ AM ABEND ◼

ARGOSY CASINO

Lady Luck auf dem großen Fluss: Kasino, Restaurant und Livebands auf einem umgebauten Mississippidampfer. *103 France Street | kein Ruhetag*

◼ AUSKUNFT ◼

BATON ROUGE AREA CONVENTION AND VISITOR BUREAU

730 North Boulevard | Tel. 225/ 383 18 25 | www.bracvb.com

BILOXI

[127 D5] **Hübsche Kolonialarchitektur und gelbe Sandstrände machen das 50 000-Einwohner-Städtchen an der Golfküste zu einem angenehmen Stopover.** Von 1720 bis 1722 war es Hauptstadt des französischen Louisiana, und heute steht der hiesige Mardi Gras dem Karneval von New Orleans an Ausgelassenheit und Farbenpracht kaum nach. Am 29. August 2005 zerstörte Hurrikan „Katrina" hier jedoch über 90 Prozent aller Gebäude entlang der Küste, darunter auch die meisten der Kasinos. Seit Sommer 2008 sind viele Sehenswürdigkeiten wieder eröffnet, doch die Aufräum- und Bau-

MARCO POLO HIGHLIGHTS

★ **Mardi Gras & Jazz Museum**
Alles, was New Orleans ausmacht – für Besucher, die es eilig haben (Seite 97)

★ **Bourbon Street**
Nicht nur Jazz-Clubs machen den Reiz der Amüsiermeile aus (Seite 97)

★ **Cajun Country**
Das von Nachfahren französischer Kolonisten bewohnte Land am Mississippidelta (Seite 87)

★ **Annie Miller's Son's Swamp & Marsh Tours**
Mit dem Boot durch die Sümpfe (Seite 89)

arbeiten halten weiter an. Schläfrige Südstaatenatmosphäre findet sich allerdings nur noch in der Altstadt *Vieux-Marché*. Die neuen Kasinos am Beach Boulevard bringen jede Menge Action.

■ SEHENSWERTES

Insider Tipp
BEAUVOIR JEFFERSON DAVIS HOME AND PRESIDENTIAL LIBRARY

10 km außerhalb von Biloxi steht das bescheidene Haus, in dem Jefferson Davis seine letzten Lebensjahre verbrachte. Ein liebevoll hergerichteter, mit persönlichen Gegenständen und interessanten Informationen ausgestatteter Schrein für Südstaatennostalgiker. *2244 Beach Boulevard | www.beauvoir.org | tgl. März–Okt. 9–17, Nov.–Feb. 9–16 Uhr | Eintritt $ 7,50*

MARDI GRAS MUSEUM

Untergebracht im Magnolia Hotel, einer historischen Herberge im Pflanzerstil, zeigt das kleine Mardi Gras Museum farbenfrohe Karneval-Regalia aus drei Jahrhunderten. *119 Rue Magnolia | Mo–Sa 11–16 Uhr | Eintritt $ 2*

■ ESSEN & TRINKEN

MARY MAHONEY'S

Das beste Seafoodlokal der Golfküstebefindet sich in einem stimmungsvollen Gemäuer aus dem Jahr 1737. *116 Rue Magnolia | Tel. 228/ 374 01 63 | So geschl. | €€*

■ ÜBERNACHTEN

ISLE OF CAPRI RESORT

Große Zimmer, zum Teil mit Blick aufs Meer. Mit Kasinos im Erdgeschoss. *700 Zi. | 151 Beach Boulevard | Tel. 1800/843 47 53 | www. isleofcapricasino.com | €€ – €€€*

■ AUSKUNFT

MISSISSIPPI GULFCOAST CONVENTION AND VISITORS CENTER

11975 Seaway Road, Gulfport | Tel. 228/896 66 99 | www.gulfcoast.org

> CAJUNS

Woher stammt der Name?

Französische Bauernpioniere ließen sich zu Beginn des 17. Jhs. im heute kanadischen *Nova Scotia* nieder und gründeten unabhängige Gemeinwesen. Sieben Generationen später gerieten sie, zu einem Volk zusammengewachsen und sich *Acadiens* nennend, den damaligen Supermächten Frankreich und England in die Quere. 1755 wurde zu ihrem Schicksalsjahr: Weil sie sich weigerten, den Treueschwur auf die britische Krone zu leisten, befahl diese kurzerhand die Deportation der gesamten akadischen Bevölkerung. Ihre Dörfer wurden niedergebrannt, rund 10 000 Männer, Frauen und Kinder auf Schiffe getrieben und nach Frankreich und Neuengland verschifft. Familien wurden dabei zerrissen, Freunde getrennt. Einigen Hundert gelang die Flucht ins spanische Louisiana. In den unzugänglichen Sümpfen des Mississippidelta, auf Land, das niemand haben wollte, lebten sie als Fischer, Jäger und Bauern und bewahrten ihre Sprache und Kultur bis heute.

CAJUN COUNTRY

[126 A–C5–6] ★ **Fast der ganze südliche Teil Louisianas ist Cajun Country. Hier heißen die Menschen Thibodeaux, Cheramie und Blanchard, hier ist die Küche der soziale Mittelpunkt.** Die lauen Abende verbringt man in geselliger Runde im Garten, rund um den Gumbotopf. Die Älteren sprechen noch Französisch, die Jüngeren breitestes Südstaatenenglisch, versetzt mit altfranzösischen Ausdrücken. Wer auf dem Highway 90 in die Sümpfe südwestlich von New Orleans fährt, betritt eine Welt jenseits von Mainstream Amerika.

Cajun Country – offiziell Acadiana genannt und aus 22 Bezirken bestehend – ist die Heimat von 1 Mio. französischstämmiger Amerikaner, die sich Cajuns nennen. Ihre Dörfer und Kleinstädte sind kleine Schmuckstücke, mit schönen alten Häusern und Kirchen an stillen Bayous und netten Restaurants, die man am liebsten nicht mehr verlassen möchte. Und immer wieder: herrliche Antebellumresidenzen, oft mit Filmerfahrung. Einen Fahrplan braucht man hier nicht. Rührend-besorgte Gastgeber weisen den Weg, verraten Termine bevorstehender Feten, Feste und Konzerte. Sich planlos treiben lassen – das ist die beste Art, Cajun Country zu erleben! 2005 richtete „Katrina" im östlichen Abschnitt schwere Schaden an. Viele Attraktionen, bis heute von drastischen Besucherrückgängen geplagt, mussten schließen oder kämpfen noch immer ums Überleben.

■ **SEHENSWERTES** ■

ACADIAN MUSEUM [126 C6] Insider Tipp

Herrlich chaotisch, dabei ungemein informativ: Wer wusste, dass auch in Madonnas Adern Cajun-Blut fließt?

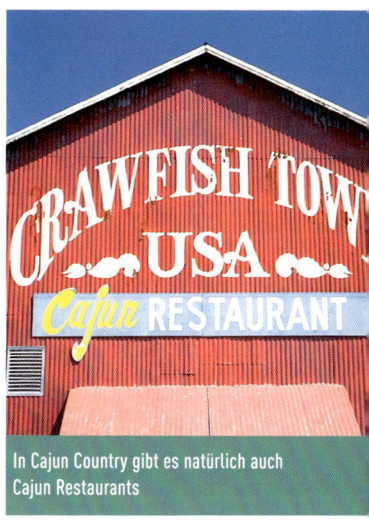

In Cajun Country gibt es natürlich auch Cajun Restaurants

Das winzige Museum liegt in *Erath, 203 South Broadway | tgl. 13–16 Uhr | Eintritt frei | aber kleine Spende erbeten*

OAK ALLEY PLANTATION [126 B6] Insider Tipp

Eine Allee zu Beginn des 18. Jhs. gepflanzter Eichen, die sich wie ein Gewölbe über dem Besucher schließen, gaben dieser herrlichen, 1839 gebauten Pflanzerresidenz ihren Namen. Die Plantage bei Vacherie spielte auch schon in mehreren Filmen mit: Zuletzt war sie in „Interview mit einem Vampir" zu sehen. *3645 Highway 18 | www.oakalleyplantation.com | Mo–Fr 10–16, Sa/So 10–17 Uhr | Eintritt $ 15*

PRAIRIE ACADIAN
CULTURAL CENTER [126 B5]

Dieses hübsche Kulturzentrum in Eunice (12 000 Ew.) bringt die Geschichte und den Alltag der sogenannten *Prärie Cajuns* näher. *250 West Park Avenue | Di–Fr 8–17, Sa 8–18 Uhr | Eintritt frei*

ST. MARTINVILLE [126 B6]

Insider Tipp

Das hübsche Städtchen (7100 Ew.) unweit von New Iberia war einst das „Petit Paris" Louisianas: Französische Adlige, die es auf der Flucht vor der Revolution hierher verschlagen hatte, feierten rauschende Bälle in stilgerechten Häusern. St. Martinville ist jedoch vor allem bekannt wegen einer Liebesgeschichte. Emmeline Labiche und Louis Arcenaux verloren einander während der De-

Im Museumsdorf Vermilionville

portation 1755 aus den Augen. Erst viele Jahre später fanden sie sich wieder – unter der sogenannten *Évangéline Oak* in St. Martinville. Aber es war zu spät: Louis lag im Sterben. Das tragische Ende inspirierte Henry Wadsworth Longfellow (1807–82) zu dem berühmten Gedicht „Évangéline". Im Kirchgarten von *St. Martin de Tours* erinnert eine Statue an die Liebenden. In der Nähe befindet sich das Grab von Emmeline Labiche.

Übernachten können Sie im schönen *Old Castillo Hotel,* einem geschichtsträchtigen Haus am Bayou Teche. *5 Zi. | 220 Évangéline Boulevard | Tel. 337/394 40 10 | www.old castillo.com | €–€€*

SHADOWS-ON-THE-TECHE [126 B6]

Lädt zum Träumen ein: Eine der fotogensten Antebellum-Residenzen des Südens, gebaut 1834. Die Villa war einst auch Urlaubsdomizil legendärer Filmproduzenten wie Cecil B. deMille. *New Iberia, 317 East Main Street | Mo–Sa 9–16.30, So 12–16.30 Uhr | Eintritt $ 7*

VERMILIONVILLE [126 B5]

Das hübsche Museumsdorf mit Cajun- und Kreolenhäusern befindet sich im Städtchen *Lafayette* (95 000 Ew.). Fachkundiges, kostümiertes Personal, Spezialitätenrestaurant. *300 Fisher Road | www.vermilion ville.org | Di–So 10–16 Uhr | Eintritt $ 8*

WETLANDS ACADIAN
CULTURAL CENTER [126 C6]

Das modernen Kulturzentrum in *Thibodaux* (15 000 Ew.) ist der oft dramatischen Geschichte und der einzigartigen Kultur der Cajuns in den Sümpfen gewidmet. *314 St. Marys Street | Mo–Do 9–18, Fr–So 9–17 Uhr | Eintritt frei*

> *www.marcopolo.de/usa-sued*

SSISSIPPI & LOUISIANA

Wer eine Tour durch die Sümpfe machen möchte, der ist im Cajun Country richtig

■ ESSEN & TRINKEN

Insider Tipp

CAFÉ DES AMIS ▶▶ [126 B6]
Künstlertreff und traditionelle Cajun-Küche mit innovativem Twist in *Breaux Bridge. 140 East Bridge Street | Tel. 337/332 52 73 | www.ca fedesamis.com | kein Ruhetag | €€*

BAYOU DELIGHT RESTAURANT [126 C6]
Gumbos und Jambalaya, dazu Live-musik von Cajunbands und jede Menge Lokalkolorit. *4038 Highway 182 | westlich von Houma | Tel. 985/876 48 79 | Mo geschl. | €*

PREJEAN'S [126 B5]
Seit langem *die* Adresse in Lafayette (100 000 Ew.): traditionelle Cajun-Gerichte in großen Essstuben, Live-musik. *3480 Highway 167 North | Tel. 337/896 32 47 | Mo geschl. | €€*

■ SUMPFTOUREN

ANNIE MILLER'S SON'S SWAMP & MARSH TOURS ⭐ [126 C6]
Die legendäre Alligator Annie ist in-zwischen zwar gestorben, doch die

Sumpftouren zu ihren Lieblingen laufen unter ihrem Sohn weiter. *3718 Southdown Mandalay Road, Houma | www.annie-miller.com | Treffpunkt Bayou Delight Restaurant | Tel. 985/868 47 58 | $ 20*

A CAJUN MAN'S SWAMP CRUISE [126 C6]
Die klassische Swamp Tour, geführt von urigen Cajun-Guides. *Antill Lane, 16 km westlich von Houma am Bayou Black | 251 Marina Drive | Tel. 985/868 46 25. Trips Di–Sa 10 und 14, Mo 14 Uhr | $ 20 pro Pers.*

■ CAJUN MUSIC

FRED'S LOUNGE [126 C6]
Eine Institution: KVPI Radio über-trägt jeden Samstag von 9–13 Uhr Cajunmusik live aus dieser Kneipe in *Mamou. 420 6th Street | Tel. 337/468 54 11*

LIBERTY THEATER [126 B5]
Die Grand Ol' Opry der Cajun Music in Eunice. Jeden Samstagabend zwi-

schen 18 und 19.30 Uhr spielen hier die besten Cajunbands Louisianas, live vom Radio übertragen. *2nd Street und Park Avenue | Tel. 318/ 457 65 77 | www.eunice-la.com/li bertyschedule.html | Ticket $ 8*

Insider Tipp

SAVOY MUSIC CENTER ▶▶   [126 B5]

Marc Savoy baut nicht nur Akkordeons, sondern veranstaltet jeden Samstagmorgen von 9 bis 12 Uhr eine Jamsession, an der jeder, der ein Instrument spielen kann (und sich mitzumachen traut), teilnehmen darf. *Eunice | Highway 190 East | Tel. 337/457 95 63 | www.savoymusic center.com*

■ ÜBERNACHTEN

FAIRFIELD INN
BY MARRIOTT   [126 C6]

Angenehmes Hotel der Preiswert-Marke von Marriott. *79 Zi. | Houma, 1530 Martin Luther King jr. Boule-vard | Tel. 985/580 10 50 | www.fair fieldinn.com | €–€€*

MAISON DES AMIS B & B   [126 B6]

Romantisches Holzhaus am Bayou Teche in Breaux Bridge. *4 Zi. | 14 East Bridge Street | Tel. 337/ 332 52 73 | www.maisondesamis. com | €€*

■ AUSKUNFT

LOUISIANA OFFICE OF TOURISM

PO Box 94291 | Baton Rouge | LA 70804-9291 | Tel. 225/342 81 19 | www.louisianatravel.com

NATCHEZ

[126 B4] Die im äußersten Südwesten Mississippis liegende Kleinstadt (20 000 Ew.) ist ein architektonisches Kleinod. Vom Bürgerkrieg unberührt und danach in Dornröschenschlaf versunken, haben sich in und um Natchez über 500 Antebellum-Häuser erhalten. Prachtvolle *mansions* und repräsentative öffentliche Gebäude erinnern an die Blütezeit zwischen 1810 und 1860, als die umliegenden

In Natchez stehen noch viele gut erhaltene Antebellum-Häuser

Baumwollplantagen Wohlstand brachten und die Mississippidampfer aus New Orleans Geschäftsleute, Baumwollbarone, Künstler und Glücksritter absetzten. Die Ureinwohner waren da schon längst Geschichte: Die Franzosen, die Natchez 1716 als Fort Rosalie gründeten, hatten die Natchez-Indianer bereits wenige Jahre später vernichtet. Den Franzosen folgten die Spanier, die Engländer gaben ein kurzes Intermezzo, bis 1798 schließlich die Amerikaner ihr Sternenbanner über dem florierenden Städtchen hissten.

Das enge Verhältnis der Menschen zur Vergangenheit ist hier besonders ausgeprägt: Um die historischen Häuser vor dem Zerfall zu bewahren, entwickelten die Damen der Gesellschaft in den 1930er-Jahren die Idee der *Natchez Pilgrimage (www.nat chezpilgrimage.com):* Pflanzerfamilien öffnen seither dreimal im Jahr ihre Häuser für die Öffentlichkeit, um Geld für deren Erhalt zu sammeln. Eine Handvoll Residenzen ist das ganze Jahr zu besichtigen.

■ SEHENSWERTES ■

DUNLEITH

Die in ein B & B verwandelte Pflanzerresidenz von 1856 mit den ungewöhnlichen, umlaufenden Säulengalerien wartet mit wertvollen französischen Tapeten und Gemälden auf. *84 Homochitto Street | www.dunleith plantation.com | tgl. 9–16.30 Uhr | Eintritt $ 7*

GRAND VILLAGE OF THE NATCHEZ INDIANS

Reste ihrer Zeremonialhügel, die sogenannten *Mounds,* sind alles,

was von dem einst mächtigen Stamm der Natchez-Indianer übrig geblieben ist. Die um das Jahr 1700 den Mississippi stromabwärts segelnden Franzosen waren noch einer blühen-

Baumwolle begründete einst den Wohlstand der Südstaaten

den Agrargesellschaft begegnet. 1729 führten Missverständnisse und die Ränkespiele englischer Agenten zum Krieg, den die Franzosen gewannen. Der zeremonielle und soziale Mittelpunkt der Natchez wird heute von diesem Archäologiepark geschützt. *400 Jefferson Davis Boulevard | Mo–Sa 9–17, So 13.30 bis 17 Uhr*

MAGNOLIA HALL

1858 als letzte der großen Mansions vor dem Bürgerkrieg erbaut, gilt Magnolia Hall mit dem repräsentativen Portikus und den ionischen Säulen als schönstes Beispiel des Greek-Revival-Stils. Eingerichtet mit zeitgenössischem Mobiliar, wartet im zweiten Stock das *Natchez Doll & Costume Museum* mit viktorianischen Kleidern. *215 South Pearl Street | geführte Touren tgl. 9–16.30 Uhr | Ticket $ 7*

NATCHEZ UNDER THE HILL

Das einstmals verrufene Rotlichtviertel von Natchez am Flussufer ist heute ein beliebtes Ziel von Touristen, die hier einkaufen, Mississippi-Atmosphäre schnuppern und im Kasino, das in einem historischen Schaufelraddampfer untergebracht ist, ihre Dollars verjubeln. Die alten Hafengebäude wurden in Fernsehproduktionen wie „Nord und Süd" und „Huckleberry Finn" als Kulissen benutzt.

ROSALIE

Um das Jahr 1820 für einen reichen Baumwollbaron auf den Mississippi

Bluffs errichtet, war die rotziegelige Residenz mit dem weißen Säulenportikus im amerikanischen Bürgerkrieg das Hauptquartier der Unionsgeneräle. *100 Orleans Street | tgl. 9–16 Uhr | Eintritt $ 8*

■ ESSEN & TRINKEN
COCK OF THE WALK

Hier gibt es Wels, Garnelen und andere Südstaatenspezialitäten; mit Blick auf den großen Fluss. *15 Silver Street | Tel. 601/446 89 20 | kein Ruhetag | €€*

THE PIG OUT INN BARBEQUE

„Pig out" heißt so viel wie „sich vollfressen": Willkommen im besten, für seine Megaportionen berüchtigten BBQ-Restaurant der Umgebung. *116 Canal Street | Tel. 601/442 80 50 | So geschl. | €*

■ ÜBERNACHTEN
THE BRIARS INN

Eines der schönsten B & B's überhaupt im Süden: Das 1818 im Federal Style erbaute Anwesen mit Blick über den Mississippi nach Louisiana war das Elternhaus Varina Howells, der späteren First Lady der Konföderation. *15 Zi. | 31 Irving Lane | Tel. 601/446 96 54 | Fax 445 60 37 | www.thebriarsinn.com | €€€*

NATCHEZ EOLA

Das 1927 eröffnete Grand Hotel im historischen Stadtzentrum verfügt über Zimmer mit herrlichem Blick auf den Ol' Man River. *131 Zi. | 110 Pearl Street | Tel. 601/445 60 00 | Fax 446 53 10 | www.natchezeola.com | €€*

■ AUSKUNFT ■

NATCHEZ CONVENTION AND VISITORS BUREAU

640 Canal Street | Tel. 601/446 63 45 | www.natchez.ms.us

■ ZIELE IN DER UMGEBUNG ■

EMERALD MOUND [126 B4]

Der Mound 15 km von Natchez diente bis zum 17. Jh. als Zeremonialhügel der Natchez-Indianer. Mit über 10 m ist er einer der größten dieser alten Mississippikultur und kann auf Fußwegen bestiegen werden. *Natchez Parkway | Exit Route 553 | den Schildern folgen*

NATCHEZ TRACE PARKWAY [126 A–B4]

Selten schlugen die weißen Pioniere selbst Straßen durch die Wildnis. Vielmehr folgten sie bewährten, jahrtausendealten Handelsrouten der Indianer. Eine dieser Routen ist der Natchez Trace. Mehr als 8000 Jahre lang von den Chickasaw und ihren Vorfahren benutzt, verband er den Südwesten des heutigen Mississippi mit der 710 km nordöstlich liegenden Gegend um Nashville. Später nutzten ihn Siedler, Postreiter und Militär. 1938 wurde der parallel verlaufende, zweispurige Natchez Trace Parkway eröffnet. Er verbindet Natchez mit Nashville und führt durch aufregende Kapitel amerikanischer Geschichte. *Historic Marker, Nature Trails* und kleine Ausstellungen machen am Straßenrand auf historisch bedeutsame Ereignisse aufmerksam. Mileposts geben, von Natchez ausgehend, die Entfernung an. Auskunft: *Natchez Trace Parkway | Tel. 662/ 680 40 25 | www.nps.gov/natr*

Jazzclubs gibt es viele in New Orleans

NEW ORLEANS

■ KARTE IN DER HINTEREN UMSCHLAGKLAPPE

[126 C6] „Laissez les bons temps rouler" – „Let the good times roll": Feiern, dass es nur so kracht, das war lange das inoffizielle Motto dieser Stadt, die ihrer Lebensfreude und losen Sitten wegen auch gern the Big Easy genannt wurde. Doch dann, am 29. August 2005, schlug „Katrina" zu. Die Deiche, Kanäle und Pumpen der 1,60 m unter dem Meeresspiegel liegenden Stadt versagten kläglich, und 80 Prozent der Stadt versank unter 3 m Meereswasser. 1500 Menschen kamen bei dieser größten Flutkatastrophe der USA ums Leben. Drei Jahre später hat sich zumindest das French Quarter wieder weitgehend erholt. Viele der Außenbezirke ähneln jedoch immer noch einem Notstandsgebiet. New Orleans ist die am wenigsten amerikanische Stadt der USA. Sie aber europäisch zu nennen, wäre trotz der französischen Vergangenheit töricht. Dies ist ein echter Schmelztiegel, hier begegnet man Afrika, der Karibik, Europa und dem neuen Amerika.

New Orleans wurde 1718 als französische Kolonie gegründet. Die ers-

antikolonialen Aufstand in Nordamerika, den das spanische Königshaus von Don Alexandro O'Reilly blutig unterdrücken ließ. 1800 musste Spanien die Stadt wieder an Frankreich abgeben, drei Jahre später wurde das Sternenbanner gehisst. *Kaintocks* – Yankees, aus der Sicht der Kreolen allesamt aus Kentucky – regierten fortan.

Was diese Hotelgäste im French Quarter wohl so interessiert betrachten?

ten Siedler waren entlassene Strafgefangene, Schmuggler und Damen der Nacht. Von 1763 an regierte Spanien. Spanische und französische Siedler kamen gut miteinander aus, nannten sich, so wie in der Karibik, *creole* für „einheimisch". Gegen den fernen Escorial rebellierten sie gemeinsam. Im Jahr 1769 kam es in New Orleans zum ersten – allerdings erfolglosen –

Vom Hafen, vom Erdöl, von Finanzgeschäften und vom Tourismus lebte die rund 500 000 Einwohner zählende Stadt bis „Katrina". Seitdem kehrte die Hälfte der Bevölkerung der Stadt den Rücken. Mitte 2007 lebten gerade noch 260 000 Menschen in New Orleans. Doch die Stadt arbeitet verbissen an ihrem Comeback. Ob es gelingen wird? Im

> www.marcopolo.de/usa-sued

French Quarter wird wieder Jazz gespielt. Das macht Hoffnung.

■ SEHENSWERTES ■

AUDOUBON AQUARIUM OF THE AMERICAS [U D5]

Wer sich selbst oder seinen Kleinen ein unvergessliches Erlebnis verschaffen will, muss unbedingt bei den rund 70 000 Meeresbewohnern vorbeischauen. *Ende Canal Street am Mississippi | www.auduboninstitute.org/aoa | Di–So 10–17 Uhr | Eintritt ab $ 15*

FRENCH QUARTER/ VIEUX CARRÉ

Dieses Viertel ist das Herz von New Orleans und durchaus ziellos zu erwandern, denn es ist kleiner und kompakter, als es auf den ersten Blick scheint. Schmiedeeiserne Balkongitter, von tropischen Blumen überwucherte Stuckwände, hohe Mauern und Innenhöfe geben genügend Orientierung: Wo sie enden, endet auch das Viertel zwischen *Canal Street, Esplanade Avenue, Louis Armstrong Park* und *Mississippi.*

Ein zentral gelegener Platz ist der *Jackson Square* [U D–E3] mit der spanischen Kolonialstilarchitektur des ausgehenden 18. Jhs.; die ursprünglichen französischen Häuser wurden durch die großen Brände von 1788 und 1794 zerstört. Der Platz mit der Gartenanlage und den breiten Bürgersteigen an drei Seiten bietet sich als Startpunkt an. Zu jeder Jahreszeit herrscht Karnevalsstimmung in den

> BLOGS & PODCASTS

Gute Tagebücher und Files im Internet

> **www.ashevillemusicscene.com** – Coole, mit Infos, Kommentaren und Veranstaltungsprogrammen über die aktuelle Musikszene von Asheville vollgepackte Seite

> **www.thebiblebeltblogger.com** – Was in den Köpfen der Gläubigen im Bible Belt so vor sich geht, aufgezeichnet von Frank Lockwood, einem aus Oregon stammenden Journalisten.

> **www.food.yahoo.com/blog/real food/188/4-ways-to-southern-comfort** – Fröhliche Seite mit traditionellen Rezepten *wie Willie Mae's Shrimp Stew* und *Dixie Catfish* – und unter welchen Umständen sie einst entstanden.

> **www.miamiherald.com** – Unten rechts auf der Seite der größten Tageszeitung von Miami führt ein Link zu einer Liste hochinteressanter Blogs, die über die aktuellen Promi-Sichtungen, den nächsten Hurrikan und die Untiefen der Umwelpolitik in Florida informieren.

> **www.itoursavannah.com** – Geführte Spaziergänge durch Savannah, Beaufort und Charleston, mit vielen Tipps für Extratouren jenseits der Touristenpfade, als Blogs und Podcasts, von CityTrex LLC

> **www.backroadsofamericanmusic. com** – Das Neueste über Musik vor allem aus Memphis, aber auch aus dem Rest des Südens

Für den Inhalt der Blogs & Podcasts übernimmt die MARCO POLO Redaktion keine Verantwortung.

Straßen – Straßenmusikanten, Künstler und Artisten sorgen dafür.

Nordwestlich des Jackson Square steht die fotogene, 1794 geweihte *St. Louis Cathedral* [U D2–3], die dritte Kirche an dieser Stelle und das Pilgerziel der Katholiken in dieser katholischsten Stadt der USA: halb romanisch, halb barock mit drei Türmen und einem *Cathedral Garden.* Das Gebäude nebenan mit dem großartigen Balkon ist der *Cabildo* [U D3],

zugänglich *(Di–So 10–17 Uhr | Eintritt $ 5).*

Vom  *Moon Walk* [U E3] aus, einer Holzpromenade jenseits der Decatur Street, sind die Häfen und die Ozeandampfer zu erblicken. Ein paar Schritte zurück liegt der *French Market* [U E–F2] von 1720. Der eigentliche Obst- und Gemüsemarkt ist in der *North Peters Street* [U F2], wo am Wochenende auch der *Flohmarkt* stattfindet. Der French Market ist

Masken im Mardi Gras Museum von New Orleans

ehemals Sitz der spanischen Regierung und heute Ausstellungshalle. In den Straßen *St. Peter* und *St. Ann* sind die dreistöckigen *Pontalba Buildings* [U D–E3–2] bemerkenswert, Wohn- und Geschäftshäuser von 1850; das Haus *Nr. 523* in der St. Ann Street, kreolische Oberklasse, ist

heute voller Restaurants und Geschäfte.

Schön ist die das Viertel begrenzende eichenbestandene *Esplanade Avenue* [U E–F1–2] mit ihren großen Villen. An ihrem Anfang, in der *Old US Mint* [U F2], findet sich die im Louisiana State Museum untergebrachte, herrliche ⭐ *Mardi Gras & Jazz-Ausstellung | 400 Esplanade Avenue | Di–So 9–17 Uhr | Eintritt $ 6,* die neben der Musikgeschichte eine Ausstellung zum Mardi Gras zeigt.

Von den das Viertel von der Esplanade Avenue zur Canal Street durchziehenden Hauptstraßen hat die *Chartres Street* [U C-F4-1] am meisten verloren. Zwei alte Häuser heißen *Napoleon House* [U D3], *Nr. 500* ist heute eine Bar, *Nr. 514* die Reproduktion eines *drugstore,* das hochinteressante New Orleans Pharmacy Museum *(Di und Do 10–14, Mi, Fr und Sa 10–17 Uhr | Eintritt $ 5).*

Die *Royal Street* [U C-F4-1] dagegen ist bis auf einen Block die Straße der Mansions und großartigen Geschäftshäuser von einst. Herausragend sind *Nr. 417,* eine *mansion* aus dem frühen 19. Jh., heute das berühmte *Brennan's Restaurant* [U C3], wo sich schon am Morgen Warteschlangen bilden, und *Nr. 533,* das *Merieult House* von 1792 [U D3], in dem die Historic New Orleans Collection *(Di–Sa 9.30–16.30 Uhr | Eintritt frei)* mit Ausstellungen zur Stadtgeschichte untergebracht ist. Gegenüber steht die *Maison Seignouret* von 1816.

Wie die Royal Street ist die ⭐ *Bourbon Street* [U C-E4-1] den größten Teil des Tages für Autos gesperrt. Sie ist die Amüsiermeile voller Bars, Jazzclubs und Nachtlokale. An der *Ecke St. Louis Street* [U D3] wird das Vergnügen am intensivsten gesucht. So, wie es zwei Napoleonhäuser gibt, stehen an der *Bourbon Street* gleich zwei *Old Absinthe Houses;* Absinth wird natürlich in keinem

der beiden mehr ausgeschenkt. Das Haus in *Nr. 240* [U C3] ist das Original aus dem Jahr 1806, jenes in *Nr. 400* übernahm den Namen, als es die Bareinrichtung des anderen während der Prohibition kaufte. In der Gegend der Bars können Sie sich noch zwei schöne alte Häuser ansehen: das *Hermann-Grima House* von 1831, vom Stil her müsste es eigentlich in Georgia stehen, in *Nr. 820, St. Louis Street,* und die *Casa Hove* aus dem Jahr 1740, heute eine Parfümerie, in *Nr. 723, Toulouse Street* [U D2–3].

▶ ESSEN & TRINKEN

ACME OYSTER HOUSE

Austern auf Marmortresen, viel Holz und karierte Tischdecken. Besonderer Service für Austernfans weltweit: Per Webcam *Oyster Cam* dürfen sie ihren Schalentieren immer nahe sein. *724 Iberville Street | Tel. 504/522 59 73 | www.acmeoyster.com | kein Ruhetag | €–€€*

ANTOINE'S

New Orleans' bekanntestes Restaurant. Französisch-kreolische Gerichte im großen „Old World"-Speisesaal. *713 Rue St. Louis | Tel. 504/ 581 44 22 | So abends geschl. | €€– €€€*

CAFÉ DU MONDE

Beignets und *café au lait.* Das Café du Monde ist rund um die Uhr geöffnet und sehr, sehr beliebt bei den Einheimischen, besonders zum Frühstück. *800 Decatur Street*

CAJUN CABIN

Ein populärer Ort für *people watching* und *cajun cuisine.* Immer voll!

503 Bourbon Street | Tel. 504/ 529 42 56 | kein Ruhetag | €€

K-PAUL'S
LOUISIANA KITCHEN
Die innovative Cajun-Fischküche des berühmten Kochs Paul Prudhomme bittet zu Tisch. *416 Chartres*

■ FLUSSFAHRTEN ■
Den Mississippi und verbindende Wasserstraßen hinauf fährt die „Natchez", ein (fast) echter Schaufelraddampfer (*tgl. um 14.30 Uhr | Ticket $19,50*), Anleger: *Toulouse Street Wharf unterhalb des Jackson Square* [U E3].

Mississippidampfer fahren heute für Touristen

Street | Tel. 504/524 73 94 | www. kpauls.com | So geschl. | €€

PERISTYLE
Elegantes kleines Restaurant mit einem ideenreichen Chef, Spezialität des Hauses: Seebarsch in Limettensauce. *1041 Dumaine Street | Tel. 504/593 95 35 | So/Mo geschl. | €€– €€€*

Die „Creole Queen" bietet Hafenrundfahrten und eine zweistündige *Flussfahrt mit Livemusik* (Jazz) an, Anleger: *Canal Street Dock | Jazz Cruise Fr–So 20 Uhr | Ticket $ 58 (mit Dinner)* [U E5]. Kostenlos ist die Fähre *Canal Street Ferry* von der Canal Street zum Algiers Point am anderen Ufer des Mississippi: eine ungefähr 20 Minuten dauernde, interessante Flussfahrt auf dem Ol' Man River.

■ ÜBERNACHTEN ■

Die Kategorien gelten nicht für die Zeit des *Mardi Gras*, des *Jazz Festivals* und der Footballereignisse, wenn drei bis fünf Tage Mindestaufenthalt und höhere Preise verlangt werden. *Info Tel. 800/672 61 24 | www.neworleanscvb.com*

BOURBON ORLEANS

Historisches Hotel, typisch French Quarter. Pool, Ballsaal, Musikbar, Restaurant. *156 Zi. | 717 Orleans Street | Tel. 504/523 22 22 | Fax 571 46 66 | www.bourbonorleans.com | €€€*

HOLIDAY INN FRENCH QUARTER

Ideale Lage im French Quarter, trotzdem bezahlbar. Mit Hallenbad, Restaurant und Garage. *374 Zi. | 124 Royal Street | Tel. 504/529 72 11 | Fax 566 11 27 | €€*

MONTELEONE

1886 eröffnetes Grand Hotel im French Quarter. Große, schön eingerichtete Zimmer. Barocke Fassade und eine sich drehende Bar in der Lobby. *597 Zi. | 214 Royal Street | Tel. 504/523 33 41 | www.hotelmonteleone.com | €€€*

LE RICHELIEU

Charmantes Haus im French Quarter. Manche Zimmer verfügen über einen Balkon, andere sind mit Spiegelwänden ausgestattet. Kleine Bar, Café, Swimmingpool, kostenlose Parkmöglichkeit. *86 Zi. | 1234 Chartres Street | Tel. 504/529 24 92 | www.lerichelieuhotel.com | €€*

ST. CHRISTOPHER HOTEL

Neues Boutiquehotel in historischem Lagergebäude, 50 Schritte vom French Quarter entfernt. Gemütliche Zimmer. *108 Zi. | 114 Magazine Street | Tel. 504/648 04 44 | www.stchristopherhotel.com | €€*

■ AM ABEND ■

FUNKY BUTT JAZZ CLUB

Relaxter Club im Stil der 1920er-Jahre, erstklassiger Jazz und Blues, scharf gewürzte Speisen. *714 North Rampart | www.funkybutt.com*

HOWLIN' WOLF

Insider Tipp

Alternative Rockmusik und moderne Country-Musik, montags „offenes Mikrophon" im ehemaligen Baumwollager; auch Jam-Sessions. *828 South Peters Street | www.howlinwolf.com*

PRESERVATION HALL

„Staubig und alt", sagen sie über sich selbst, die Jazzer, die hier die Traditionsstücke spielen. Sehr voll. *726 St. Peter Street | www.preservationhall.com*

TIPITINA'S

Eine Institution für Livemusik: Reggae, Rock, Blues, Rythm & Blues, sonntags Cajun. *233 North Peters Street | www.tipitinas.com*

■ AUSKUNFT ■

NEW ORLEANS METROPOLITAN CONVENTION & VISITORS BUREAU

2020 St. Charles Avenue | Tel. 504/566 50 11 | www.neworleanscvb.com

> PLANTAGENFLAIR UND BLUES IN DEN BAYOUS

Auf Entdeckungsfahrt in den Südstaaten der USA

Die Touren sind auf dem hinteren Umschlag und im Reiseatlas grün markiert

1 VON ATLANTA NACH WASHINGTON

Von der heimlichen Hauptstadt des Südens, Atlanta, geht es durchs Mittelgebirge der Appalachen zur Hauptstadt der Vereinigten Staaten; zurück führt die Strecke großteils die Küste entlang. Die etwa 2500 km lange Route führt durch kolonialzeitliche Ortschaften, aber auch durch die Großstädte des Südens. Zeitbedarf: eine Woche.

Von der modernen Metropole **Atlanta** *(S. 48)* aus gelangen Sie auf der I-85 und der US-23 Richtung Gainesville schnell in die Appalachen. Am interessantesten sind die **Great Smoky Mountains** *(S. 35),* die über **Cherokee** zu erreichen sind. Besonders schön ist hier die *foliage,* die Laubfärbung im Herbst.

Sie können auf den Kämmen der Berge nach Norden fahren, und zwar auf dem **Blue Ridge Parkway** und

Bild: Great Smoky Mountains

AUSFLÜGE & TOUREN

dem **Skyline Drive**, der nahe der Hauptstadt Washington bei **Front Royal** in Virginia endet. Unterwegs gibt es Campingplätze, Holzhütten und Berghotels. Mal ist der Blick nach Westen, mal nach Osten frei – nach Osten fallen die Berge steil ab zu den fruchtbaren Tabakanbaugebieten in North Carolina und Virginia. Es lohnt sich, auch für eine Wanderung auf dem **Appalachian Trail** *(S. 36)* zu halten.

Unten im Flachland kommen Sie deutlich schneller voran: auf der I 85 und der I 95. Viele Städte lohnen Zwischenstopps. In den Bergen liegt **Asheville** *(S. 33)*, ein von den Flüssen French Broad und Swannanoa geteilter Ferienort. In der Ebene kommen Sie nach **Winston-Salem**, eine der klassischen, namensgebenden Tabakstädte des Südens mit den backsteinroten Fabriken und den für die USA heutzutage völlig unüblichen Hinweisschildern *We thank you for smoking.*

Abstecher nach Westen führen in die armen Gegenden Tennessees und West Virginias, wo viele noch immer von der meist kärglichen Landwirtschaft oder vom Kohlebergbau leben.

Eines sollten Sie unbedingt tun: die I 64 nach **Charlottesville** nehmen und in der Stadt mit dem nahen Landsitz von Thomas Jefferson, **Monticello**, übernachten. Von dort geht es auf der US 29 und der US 211 nach **Washington**. Sie sollten sich hier, neben den Regierungsgebäuden und Museen an der *Mall,* auch den bezaubernden alten Stadtteil **Georgetown** ansehen.

Zurück in Virginia, ist **Alexandria** ein Muss. Der historische Teil der Stadt hat sich seit weit über 200 Jahren kaum verändert. Auf I 95 und I 64 geht es wieder nach Süden bzw. Südosten. Zwei, drei Stunden Fahrt sind es bis ins Museumsstädtchen **Colonial Williamsburg**.

Bei **Nag's Head** geht es auf die **Outer Banks** *(S. 44),* die vorgelagerte Inselkette mit Dünen und menschenleeren Stränden. Über **Hatteras Island** *(S. 44)* und **Ocracoke Island** *(S. 44)* kommen Sie zurück aufs Festland.

Die US 17 bringt Sie weiter nach Süden. **Myrtle Beach** *(S. 42)* beachten Sie nicht, es sei denn, Sie wollen die größte Ansammlung von Kitsch, Tinnef und Billigmotels an der Atlantikküste sehen. Die Atmosphäre des Alten Südens ist dann in **Charleston** *(S. 39)* und in **Savannah** *(S. 42)* zu finden.

Auf der Weiterfahrt nach Atlanta können Sie einen Abstecher in das hübsche Städtchen **Athens** *(S. 47)* machen, besonders als Fans der Musikgruppe R.E.M., die dort zu Hause ist.

2 VON NEW ORLEANS NACH MEMPHIS

Auf den Spuren von Tom Sawyer und Huckleberry Finn geht es den mächtigen Mississippi hinauf. Dann durch den Deep South, den tiefen Süden, zurück zum Golf von Mexiko. Zeitbedarf für die 1800 km: eine Woche.

Ausgangspunkt ist **New Orleans** *(S. 93),* das Sie unbedingt besuchen sollten. Vielleicht fahren Sie zuerst durch die *Bayous,* die Sumpf- und Schwemmlandschaft des Mississippideltas. Dazu wenden Sie sich zunächst nach Südwesten und fahren auf kleinen Straßen umher – je hinterwäldlerischer, desto interessanter. Nahe bei New Orleans liegt der Ort **Jean Lafitte** *(State Roads SR 45 und SR 301),* wo Bootstouren angeboten werden: durch die Bayous, durch die Sümpfe, auf Shrimpbooten (wie in „Forrest Gump").

Schneller kommen Sie auf der I 0 nach **Baton Rouge** *(S. 84)* – Hauptstadt Louisianas mit dem ungewöhnlichen Kapitol aus 26 Sorten Marmor. Hier endet auch die *Petrochemical Gold Coast,* der Industriegürtel, der sich die 160 km von New Orleans bis zu diesem zweitgrößten Hafen des Bundesstaats hinaufzieht, und es beginnt die *Sugar Bowl of America* – riesige Zuckerrohrplantagen jenseits des Mississippi.

Entweder am Fluss auf der SR 15 oder direkt auf der US 61 fahren Sie nach **Natchez** *(S. 90),* dessen Antebellum-Häuser aus der Zeit vor dem Bürgerkrieg sogar Ziel von regel-

AUSFLÜGE & TOUREN

rechten *Architektur-Pilgerfahrten* sind *(www.natchezpilgrimage.com)*. Auf dem Natchez Trace Parkway *(S. 93)*, der Straße, die den alten Indianerpfaden und Siedlerrouten folgt *(Ausstellungen und Picknickplätze am Straßenrand)*, geht es in nordöstlicher Richtung nach Jackson, der Hauptstadt von Mississippi. Von dort fah-

Süden" ohne Rassenspannungen und mit modernen, „rauchlosen" Industrien wie Versicherungen und Gesundheitswesen verkörpert. Auf dem I 20 geht es über Tuscaloosa, wo Sie im Druid City District nahe der Queen City Avenue viele schöne Vorkriegs-Mansions finden, zur US 43 und auf dieser nach Mobile *(S. 76)*, der

Auf dem Capitol Hill in Washington: das klassizistische Kapitol

ren Sie auf der I 55 geradewegs Richtung Memphis *(S. 74)*. Die Bluesstadt am Mississippi ist eine moderne Metropole, dennoch lohnend auch zum Übernachten wegen der Musikkneipen direkt im Zentrum.

Von Memphis aus heißt es sich ein wenig durchschlagen durch das nördliche Mississippi und Alabama auf der US 78 nach Birmingham *(S. 67)*, der einstigen Stahlstadt, die in den 1960er-Jahren Schlagzeilen wegen schlimmster Rassenunterdrückung machte und die heute den „Neuen

Hafenstadt mit einem einigermaßen intakten alten Kern.

Zurück nach New Orleans kommen Sie schnell auf der I 10. Wollen Sie sich etwas Zeit lassen, fahren Sie auf der US 90 über Pascagoula, Biloxi *(S. 84)* und Gulfport. Der Strand am Golf von Mexiko ist oft flach und sandig. Die uneingeschränkt wichtigste Attraktion an diesem Küstenabschnitt sind aber für viele die Kasinohotels, die in den vergangenen Jahren wie Pilze aus dem Boden geschossen sind.

EIN TAG IN UND UM NEW ORLEANS

Action pur und einmalige Erlebnisse.
Gehen Sie auf Tour mit unserem Szene-Scout

SÜSSE VERFÜHRUNG

8:00

Noch müde? Dann hilft, um fit zu werden, ein Frühstück mit Wow-Effekt! In der *Sucre Bakery* gibts nicht nur eine Riesenauswahl für Koffeinjunkies, sondern auch leckere Naschereien wie Pecan-Butter-Cake mit Madagaskar-Schoko-Mousse und French Chocolate Covered Macaroons. Ein wahres Schlemmerfrühstück! **WO?** *3025 Magazine Street* | *www.shopsucre.com*

10:30

SEE YOU LATER, ...

... Alligator! In 60 Min. gehts auf dem Lake Pontchartrain Causeway nach Covington. Auf der *Insta-Gator Ranch* kann man Alligatoren anfassen, beim Schlüpfen aus den Eiern beobachten und dabei Gutes tun: Für $ 49 ein Baby-Reptil adoptieren, das später wieder ausgewildert wird. **WO?** *23440 Lowe Davis Road, Covington* | *Kosten: ab $ 14* | *www.insta-gatorranch.com*

LUNCH CREOLE

12:30

Der Bauch verlangt nach Heißem! Am besten besänftigt man ihn mit *Gumbo*. Der würzige Eintopf mit Fisch, Shrimps, Okras und gemahlenen Blättern des Sassafrasbaums ist das Nationalgericht! Im *Gumboshop* kommen noch Huhn und *Andouille*, die typische Cajun-Wurst, dazu – die Kombi wurde zur besten in ganz New Orleans gewählt! Pluspunkt: Der schattige Innenhof ist eine Oase in der Mittagshitze. **WO?** *630 Saint Peter Street* | *www.gumboshop.com*

14:30

IMMER DER NASE NACH

Schon immer von der einzigartigen Duftnote geträumt? In der Parfümerie *Bourbon French Perfumes* kann man in einer Stunde den eigenen Duft kreieren. Mit Hilfe von chemischen Körperanalysen wird der Grundduft gefunden – alle andere Nuancen sind Sache der persönlichen Vorlieben. Das eigene Parfüm wird archiviert und kann jederzeit nachbestellt werden. Toll: Lotions und Körperpuder mit den persönlichen Duftfavoriten. **WO?** *805 Royal Street* | *Kosten: ab $ 13* | *www.laoaks.com*

24 h

ART-BREAK

16:30

Tief durchatmen, durch die grünen Oasen des *Sydney and Walda Besthoff Sculpture Garden* spazieren und fachsimpeln: 57 Skulpturen von modernen zeitgenössischen Künstlern schmücken den Park. Zu sehen gibt es Werke von Henry Moore, Jacques Lipchitz oder Joel Shapiro. Umsehen und das persönliche Lieblingsstück finden! **WO?** *1 Dueling Oaks Drive, City Park | www.noma.org/sgarden/index.html*

19:00

MODERN DINNER

Lecker: Im *Vizard on the Avenue* kommt Creole Cuisine auf die Teller. Begleitet von modernen und zeitgenössischen Werken an den Wänden genießt man Austern mit Foie Gras-Mousse oder das Drunken Chicken, eine in Rotwein marinierte Poularde mit Perlzwiebeln und Muscheln. **WO?** *2203 St. Charles Avenue | So/Mo geschl. | www.vizardsontheavenue.com*

GEISTERSTUNDE

20:15

Jetzt wirds gruselig. In keiner amerikanischen Stadt gibt es mehr Geister- und Spukgeschichten als in New Orleans. Hier ranken sich um beinahe jedes Haus unheimliche Legenden, Vampirgeschichten und unerklärliche Erscheinungen – sie pflastern die Wege der Stadt. Mit den Guides gehts durch die Viertel und über Friedhöfe. **WO?** *Treffpunkt: Royal Blend Coffee House, 621 Royal Street | Tel. 504/314 08 06 | Kosten: $ 15 | www.magictoursnola.com*

22:30

ALL THAT JAZZ

Logisch, Jazz und New Orleans gehören zusammen. Einer der besten Clubs der Stadt ist das *Snug Harbour Jazz Bistro*. Jeden Abend spielen hier Livemusiker wie Jesse McBride oder Irvin Mayfield nicht nur vor Fans und Kennern! Gut zuhören und die besten Sounds mit nach Hause nehmen! **WO?** *626 Frenchmen Street | Tickets vorbestellen unter Tel. 504/949 06 96 | www.snugjazz.com*

> MIT SCHLAPPEN, BOOTS UND TAUCHERFLOSSEN

Die Qual der Wahl oder die Wahl der Qual: Für jeden gibt es etwas. Und zwar reichlich

> **Die Amerikaner haben von jeher ein Faible für Fun und Action. Da wäre es angesichts der abwechslungsreichen Topographie des Südens nicht mit rechten Dingen zugegangen, hätten sie die Strände einfach Strände sein lassen und die Berge Berge. Also verwandelten sie die schönsten Geschenke von Mutter Natur in geniale Abenteuerspielplätze.**

Nationalparks, *National Forests* und Hunderte von *State Parks* wurden geschaffen, zum Schutz der Natur und zur Erbauung der Menschen. Tausende Wanderweg-Kilometer ziehen sich seitdem kreuz und quer durch den Süden. Die schönsten Flüsse kann man paddeln, die wildesten raften. Von Bergen und Dünen kann man per Hangglider abheben, von Segel- und Motorbooten aus kann man in märchenhafte Unterwasserwelten eintauchen. Gelegenheitssportler werden ebenso etwas finden wie Fitnessfanatiker, das

Bild: Miami Beach

SPORT & AKTIVITÄTEN

Motto lautet stets: Schweiß kann fließen, muss aber nicht.

DRACHENFLIEGEN

Der Flug von der Spitze des Lookout Mountain ist ein Muss für jeden Drachenflieger. Verlässliche Aufwinde ermöglichen Flüge von durchschnittlich 30 Minuten. Novizen können sich bei einem Profi einhaken, der Tandemflug kostet $ 139. *Lookout Mountain Flight Park | 7201 Scenic Highway | Rising Fawn (15 Min. nach Chattanooga) | Tel. 706/ 398 35 41 | www.hangglide.com*

Von der 30 m hohen Düne im Jockey's Ridge State Park in den Outer Banks haben sich schon die Gebrüder Wright gestürzt. Heute ist es sicherer: Erfahrene Fluglehrer betreuen die Anfänger, die bereits nach ein paar Stunden große Sätze machen! Ein Tandemflug kostet ab $ 110, eine Flugstunde ab $ 85. *Kitty*

Hawk Kites | Jockey's Ridge State Park, Carolista Drive, Nag's Head | Tel. 252/441 24 26 | www.kitty hawk.com

■ FUNSPORTARTEN

Kite-Boarding, Jet-Skiing und sich rittlings auf einer Gummibanane von einem Speedboat ziehen lassen: Es gibt nichts, was es nicht gibt. Vor allem in Florida, dem größten Wasserpark der USA. Jedes Strandhotel verleiht Surfbretter, wo eine Pier ist, organisieren Veranstalter Fun zu Wasser, zu Lande und in der Luft.

■ GOLF

Der Süden ist ein Mekka für Golfer aus aller Welt. Das schöne: Viele Plätze sind öffentlich und gegen eine Gebühr bespielbar. Listen der öffentlichen Golfplätze sind auf den Websites der Tourismusministerien und Fremdenverkehrsämter zu finden.

■ KANU, KAJAK & RAFTING

Ins Kanu steigen und für ein paar Tage die Zivilisation hinter sich lassen: Der Gedanke ist stets verführerisch. Der Filmerfolg „Beim Sterben ist jeder der Erste" löste in den 1970er-Jahren einen Run auf die Flüsse in den Appalachen Georgias und der Carolinas aus. Bei *Dahlonega* (Nord-Georgia) ziehen der für Familien geeignete *Chestatee* und der etwas schwierigere *Etowah River* Kanuten und Kajakfahrer an. Zwei weltberühmte Flüsse mit Kat-IV-Stromschnellen warten im Umkreis von 90 km: der bei der Olympiade 1996 benutzte *Ocoee* (Tennessee) bei Copperhill und der durch den obigen Film berühmte *Chattooga River*. Ka-

nutouren auf dem Chestatee und Etowah: *Appalachian Outfitters | Dahlonega | 2084 South Chestatee/ Highway 60 | Tel. 706/864 71 17 | www.canoegeorgia.com | ein- und mehrtägige Trips.* Kayaking und Rafting auf dem Ocoee: *Ocoee Adventure Center | Highway 64 | Ducktown | Hauptsitz: Route 1, Copperhill, TN | Tel. 1888/723 86 22 | Fax 423/ 338 50 86 | www.ocoeeadventure center.com | Tagestrip $ 49*

■ RADFAHREN & MOUNTAINBIKING

Am angenehmsten sind Fahrten durch ländliche Gegenden und durch komplett verkehrsberuhigte Zonen. Zu ersteren gehören Radtouren auf dem *Natchez Trace Parkway* und durch Cajun Country, zur letzteren Tagestrips über die Golden Isles oder über historische Schlachtfelder. Radverleihe finden sich in jeder Broschüre.

Georgia und die Carolinas bieten diverse Mountainbiker-Highlights *(www.singletracks.com): Bull Mountain* in Dahlonega nördlich von Atlanta zum Beispiel und der ebenso anspruchsvolle *Chicopee Trail* bei Gainesville. Herrliche Fernblicke, aber steile Abfahrten hält *Bear Creek* im Chattahochee National Forest bereit. Weitere, nervenzerreißende Trails gibt es in der *Tsali Recreation Area* im Westen von North Carolina, etwa den berüchtigten *Tsali Loop*.

■ TAUCHEN

Tauchen und Schnorcheln, eine Spezialität der Florida Keys. In jedem Ort der Keys gibt es Ausrüster, die Tauchtouren hinaus zu den Korallen-

SPORT & AKTIVITÄTEN

riffs anbieten. Schnorcheln ist Bestandteil fast jeder Cruise hinaus in die blaue See.

TENNIS

Viele Orte im Süden rühmen sich unbescheiden der besten Tenniscourts der Welt. Über allen Zweifel erhaben: *Lincoln Tennis Center bei Stone Mountain | 5525 Bermuda Road | Tel. 770/413 52 88,* sowie das *Jekyll Island Tennis Center | Tel. 912/469 91 94 | www.stonemountaintennis.com.* In beiden Fällen muss weit im Voraus buchen, wer hier spielen will. Eine Tennisstunde mit einem Profi kostet ab $ 65.

WANDERN

Auf alten Indianerpfaden durch die Appalachen streifen: Wen reizt das nicht? Jeder der National und State Parks verfügt über ein gut ausgebautes Wegenetz. Trailkarten gibt es in den Besucherzentren, hier informiert man auch über Übernachtungsmöglichkeiten. Die schönsten Trails warten im *Great Smoky Mountains National Park* und links und rechts vom *Blue Ridge Parkway.* Die tiefsten Schluchten bietet der *Cloud Canyon State Park* und der *Tallulah Gorge State Park.* Der legendäre *Appalachian Trail,* Amerikas berühmtester Fernwanderweg, beginnt auf dem *Springer Mountain* (Georgia). Karten und Infos bei *Appalachian Trail Conference, Harpers Ferry | Tel. 304/535 63 31 | www.atconf.org.* Wer nicht gleich bis nach Maine wandern will, kann den *Benton-Kaye-Trail* unter die Stiefel nehmen. Auch er beginnt auf Springer Mountain und ist 400 km lang *(www.georgiatrails.com).*

Auf vielen Golfplätzen dürfen Sie auch ohne Mitgliedschaft in einem Club spielen

> PLANSCHEN, BUDDELN UND STAUNEN

Der Süden bietet Fluchtpunkte für kleine und für große Menschen

> Wann sind wir endlich da?" Eltern, die mit Kindern unterwegs sind, fürchten diesen Satz, denn sie wissen: Die lieben Kleinen kriegen die Krise. Zu lange haben sie auf der Rückbank ausgeharrt, absolut reizresistent und lustlos aus dem Fenster starrend.

Aber jetzt müssen sie einfach raus. Nichts geht mehr, auch mit Hamburgern und Hotdogs vom Drive-In lassen sie sich nicht mehr bestechen. Auf Situationen wie diese muss man besonders in den USA gefasst sein. Im Land der vier Zeitzonen unterschätzen Besucher aus Europa immer wieder die Entfernungen. Die Amerikaner haben, kinderlieb wie sie sind, ihr Land mit Aquarien, Vergnügungsparks und gigantischen Minigolfanlagen überzogen. Auf den hitzeflimmernden Highways im Süden lernt man das zu schätzen – vor allem, wenn man sieht, wie schnell Kinder beim Stichwort Wasserpark von

> www.marcopolo.de/usa-sued

MIT KINDERN REISEN

quengelnden Quälgeistern zu hellwachen Mustertöchtern und -söhnen mutieren. Amerikanische Hotels sind im Allgemeinen kinderfreundlich. Die meisten lassen Kinder gratis oder gegen eine kleine Gebühr im Zimmer der Eltern übernachten. Historische, mit Antiquitäten möblierte Inns und B & B's können allerdings Ausnahmen machen und Eltern mit Kindern glatt abweisen. Restaurants führen *Kid's Menus* auf der Speisekarte.

NORTH & SOUTH CAROLINA

EMERALD VILLAGE [126 B2]

In diesem Bergwerk kann man selbst nach edlen Steinen graben. *Emerald Village Gem Mine, Little Switzerland, McKinney Mine Road, Blue Ridge Parkway, Milepost 334 |* www.emeraldvillage.com *| April tgl. 9–16, Mai–Mitte Nov. Mo–Fr 9–17, Sa–So 9–18 Uhr | Erwachsene $ 6, Kinder $ 5*

MYRTLE BEACH PAVILION
AMUSEMENT PARK [127 D3]
Alles, was kleine und große Kinder wollen: nagelneue Monster-Achterbahnen, trendige Boutiquen, hübsche Cafeterias, Eisdielen und eine Diskothek. *Tgl. März–Mai und Mitte Aug.–Sept. 18–22, sonst 13–24 Uhr | Tageskarte ab $ 20*

OCONALUFTEE
INDIAN VILLAGE [127 D3]
Mitten im Billig-Rummel von Cherokee liegt das mit viel Liebe zu historischen Details gestaltete Village. Cherokee-Häuser und kostümierte Guides, die traditionellen Beschäftigungen wie Töpfern und Kanubauen nachgehen, entführen die Kids in die Zeiten von Lederstrumpf und Chingachgook. *Drama Road | Mai–Okt. tgl. 9–17.30 Uhr | Erwachsene $ 15, Kinder $ 6*

PARAMOUNT'S CAROWINDS [128 C2]
Hier wird Hollywood ganz groß geschrieben. Karussells, Achterbahnen und Drop Zones wurden nach Filmen benannt, wie z.B. der *Top Gun Jet Coaster* und die *Abyss Water Slides*. Kostümiertes Personal stellt berühmte Filmszenen nach und animiert die Besucher mit allerlei Schabernack. *Charlotte | 14523 Carowinds Boulevard | Juni–Aug. tgl., sonst Sa–So 10–22 Uhr | Erwachsene $ 46, Kinder $ 29*

SOUTH CAROLINA
AQUARIUM [129 D4]
In gigantischen Behältnissen wurden hier alle für den Südosten typischen Unterwasserlandschaften reproduziert und mit über 500 Arten bevöl-

kert. *Charleston, 100 Aquarium Wharf | April–Aug. Mo–Sa 9–18, So 12–18, sonst Mo–Sa 9–17, So 12–17 Uhr | Erwachsene $ 17, Kinder $ 10*

■ GEORGIA & FLORIDA ■
SIX FLAGS OVER GEORGIA [128 A3]
Live-Revuen und Konzerte, vor allem aber die über 100 Hightech-Achterbahnen und Wasserrutschen mit Namen wie *Viper, Mind Bender* und *Ninja* machen Six Flags over Georgia vor allem an heißen Tagen zu einem Ziel nicht nur für Kinder. *Atlanta, 275 Six Flags Parkway | Austell | tgl. Juni–Aug. 10–23, Sept.–Mai 10–22 Uhr | Tageskarte $ 50, Kinder $ 30*

■ TENNESSEE & ALABAMA ■
CHILDREN'S MUSEUM
OF MEMPHIS [126 C2]
Durch diese Miniaturstadt können Kinder nicht nur spazieren, sondern auch klettern und kriechen. Besonders beliebt im Children's Museum of Memphis: ein echtes Flugzeug! *2525 Central Avenue | Mo–Sa 9–17, So 12–17 Uhr | Erwachsene $ 8, Kinder $ 7*

DOLLYWOOD [128 B2]
In Dollywood, ihrem immens populären Vergnügungspark, feiert der flamboyante Countrystar Dolly Parton nicht nur sich selbst, sondern auch ihre Heimat, die Great Smoky Mountains. Und zwar mit Showeinlagen munterer Bluegrass-, Country- und Gospelgruppen und mit traditionellen Tischler-Workshops anreichern. *Pigeon Forge, 1020 Dollywood Lane | tgl. April–Okt. 9–18, Juni–Aug. 9–21 Uhr | Erwachsene $ 50,20, Kinder $ 39*

MIT KINDERN REISEN

MUD ISLAND RIVER PARK [126 C2]

Im 19. Jh. durch die Anhäufung von Sedimenten entstanden, ist der Mud Island River Park am Mississippi heute ein Vergnügungspark, in dem sich alles um den 2000 km langen Fluss dreht. Blickfänge sind die „Memphis Belle", ein B-17-Bomber aus dem Zweiten Weltkrieg, und der sogenannte *River Walk,* ein mehrere Hundert Meter langes Modell des Mississippi. *Memphis, 125 North Front Street | April–Mai Di–So 10–17, Mai–Sept. tgl. 10–20, Sept./Okt. Di–So 10–17 Uhr | Erwachsene $ 8, Kinder $ 5*

■ MISSISSIPPI & LOUISIANA ■

BLUE BAYOU WATERPARK & DIXIE LANDIN' AMUSEMENT PARK [126 C3]

Louisianas größter Vergnügungspark mit dem sperrigen Namen besteht ei- gentlich aus zwei Anlagen. Hier er- warten Sie ein Wellenbad, sieben Stockwerke hohe Wasserrutschen und jede Menge Junkfood-Joints. *Baton Rouge, 18142 Perkins Road | tgl. 10–18 Uhr | Erwachsene $ 35 Kinder $ 28*

WILDLIFE GARDENS [126 C6]

4 m lange *gators* dösen in der Sonne, Wildkatzen schleichen durchs Pal- metto-Dickicht. Spaziergänge durch die Sümpfe der Wildlife Gardens, die sich etwa eine halbe Autostunde süd- lich von New Orleans befinden, füh- ren durch eine tolkiensche Märchen- welt. Sie können hier auch übernach- ten – in zünftigen Cabins, die Wasserschildkröten vis-a-vis ($ 80). *Gibson, 5306 North Bayou Black Drive | Di–Sa 9–17 Uhr | Erwach- sene $ 8, Kinder $ 3,25*

Immer wieder ein Vergnügen: Abkühlung am Springbrunnen

> VON ANREISE BIS ZOLL

Urlaub von Anfang bis Ende: die wichtigsten Adressen und Informationen für Ihre Reise in die Südstaaten der USA

■ ANREISE ■

Flüge von Europa in den Süden der USA dauern rund zehn Stunden. Manche Routen erfordern allerdings ein- bis zweimaliges Umsteigen. Das kann die Reisezeit leicht auf 16 Stunden verlängern. Bei der anhaltenden Konkurrenz der Airlines auf der Nordatlantikstrecke sind Roundtriptickets unter 500 Euro schon fast normal. Einreise- und Zollformalitäten sind stets am ersten Flughafen im Land zu erledigen, nicht am Zielflughafen. Am Zielflughafen wird das Gepäck in den *Baggage Claim Areas* ausgegeben. Gepäckabschnitte bereithalten, sie werden an etlichen Flughäfen kontrolliert!

■ AUSKUNFT ■

Florida und Florida Keys/Key West: *Mikulla Goldmann PR | Bavariaring 38 | 80336 München | Tel. 089/452 18 60 | Fax 45 21 86 20 | www.mikullagoldmann.de;* Georgia: *Travel Marketing Romberg TMR | Schwarzbachstraße 32 | 40822 Mettmann | Tel. 02104/83 28 67 | Fax 91 26 73 | www.travelmarketing.de;* Louisiana/New Orleans: *Wiechmann Tourism Service | Scheidswaldstraße 73 | 60385 Frankfurt/Main | Tel. 069/25 53 80 | Fax 25 53 81 00 | www.wiechmann.de;* Miami: *C&C Contact & Creation GmbH | Paul-Ehrlich-Str. 27 | 60598 Frankfurt/Main, Tel. 069/963 66 80 |*

PRAKTISCHE HINWEISE

www.cc-pr.com; Memphis und Mississippi: *Best Choice Tourism Management | Landsberger Str. 155 | 80687 München, Tel. 089/ 55 25 33 95 | Fax 54 50 68 44, www. visitmississippi.org;* Alabama, Georgia, Louisiana, Mississippi, Tennessee: *Texttransfer Kommunikation | Tel. 0521/986 04 12 | www.deep-south-usa.de;* North Carolina: *News Plus Communications & Media GmbH | Sonnenstr. 9 | 80331 München | Tel. 089/23 66 21 39 | Fax 23 66 21 99 | www.northcarolinatra vel.de;* South Carolina: *ESTM Edeltraud Sommer | Tel. 06172/92 16 04 | Fax 92 16 05*

■ AUTO

Das Straßennetz ist gut ausgebaut. Es gibt jeweils besondere Schilder für Country-Straßen, State- und US-Highways sowie für die großen Interstate-Autobahnen. Anschnallen ist Pflicht. Die Höchstgeschwindigkeit ist auf Landstraßen meist 55 Meilen/h (88 km/h), in Orten 35 Meilen/h (50 km/h). Nur auf Autobahnen gelten als Höchstgeschwindigkeit meist 65 oder 75 Meilen/h (105 oder 130 km/h). Die Promillegrenze liegt bei 0,0.

Die Verkehrsregeln gleichen denen in Europa. Es gibt jedoch einige Besonderheiten: An Ampeln darf man (wenn nicht ausdrücklich verboten) auch bei Rot nach rechts abbiegen, auf Autobahnen auch rechts

überholen. Schulbusse, die zum Ein- oder Aussteigen anhalten, dürfen dagegen überhaupt nicht passiert werden – auch nicht aus der Gegenrichtung. Außerdem gibt es so genannte *3-way-* oder *4-way-stops,* Kreuzungen mit Stoppschildern, an denen je-

WÄHRUNGSRECHNER

€	US $	US $	€
1	1.57	1	0,64
2	3,14	2	1,27
3	4,71	3	1,91
4	6,28	4	2,55
5	7,85	5	3,19
7	10,99	7	4,46
8	12,56	8	5,10
9	14,13	9	5,73
10	15,70	10	6,37

des Fahrzeug halten muss. Wer zuerst gehalten hat, darf auch zuerst weiterfahren. Der US-Automobilclub AAA hilft auch den Mitgliedern ausländischer Clubs (Ausweis mitnehmen!). Sehr praktisch sind *tripticks,* zu einem Heft gebundene Karten mit Routenführung.

■ BANKEN, GELD & KREDITKARTEN

Banken sind meist von 10 bis 15 Uhr geöffnet (Fr bis 17.30 Uhr), Drive-Thru-Schalter oft ewas länger. Sie lösen Reiseschecks (ausgestellt auf US-$) ein, doch nur die größeren Banken wechseln auch ausländische

Währungen. In den Wechselstuben von Großstädten und auf internationalen Flughäfen sowie in größeren Hotels können Sie (oft allerdings zu schlechtem Kurs) europäische Währungen in Dollar umtauschen. Kreditkarten werden praktisch überall angenommen, auch von ATM-Maschinen *(automatic teller machines),* den amerikanischen Minibank-Maschinen.

CAMPING

Die schönsten Campingplätze sind zumeist die öffentlichen: Sie sind naturnah an Seen und in National Parks gelegen, die Übernachtung kostet zwischen $ 10 und $ 35. Private, oft recht luxuriöse Plätze mit heißen Duschen, Swimmingpool und Laden finden Sie am Rand der Städte und der Parks (Preise etwa $ 20–$ 50). Wildes Campen ist (außer in den Parks) nicht verboten, wird aber in besiedelten Gebieten nicht immer gern gesehen.

DIPLOMATISCHE VERTRETUNGEN

DEUTSCHE BOTSCHAFT
4645 Reservoir Road NW | Washington, D.C. | Tel. 202/298 40 00 | www.germany-info.org

ÖSTERREICHISCHE BOTSCHAFT
3524 International Court NW | Washington, D.C. | Tel. 202/895 67 00 | Fax 895 67 50 | www.austria.org

SCHWEIZER BOTSCHAFT
2900 Cathedral Avenue | Washington, D.C. | Tel. 202/745 79 00 | Fax 387 25 64 | www.eda.admin.ch/washington

EINREISE

Für die Einreise benötigt man einen mindestens für die Dauer des geplanten Aufenthalts gültigen Reisepass. Seit Oktober 2004 akzeptieren die Amerikaner nur noch den maschinenlesbaren Reisepass. Auch Kinder benötigen das bordeauxfarbene Dokument *(Näheres unter www.germany.usembassy.gov/germany/visa/index.html).* Seit dem 30. September 2004 wird zudem von jedem Einreisenden ein digitaler Fingerabdruck und ein digitales Porträtfoto angefertigt. Die maximale Aufenthaltsdauer ohne Visum in den USA beträgt 90 Tage. Der Tag, an dem die USA spätestens wieder verlassen werden müssen, wird in den Reisepass eingestempelt.

GESUNDHEIT

Die ärztliche Versorgung in den USA ist im Allgemeinen sehr gut – und sehr teuer. Daher sollten Sie für die Reise eine Auslandskrankenversicherung abschließen. Medikamente erhalten Sie in der *pharmacy* und im *drugstore,* die oft auch rund um die Uhr geöffnet sind.

INLANDFLÜGE

Alle großen US-amerikanischen Fluggesellschaften bieten Rabatte für Inlandflüge an. Entscheidend sind eine lange Vorausbuchung (mindestens 14 Tage, möglichst schon im Heimatland) sowie ein Hin- und Rückflugticket.

INTERNET

Reise-Informationen finden sich im Internet zunächst auf den offiziellen Seiten der Tourismusministerien

PRAKTISCHE HINWEISE

(u. a. *www.visitflorida.com* oder *www.georgia.org/travel/*) sowie regionalen und städtischen Fremdenverkehrsbüros (u. a. *www.southcarolinalowcountry.com*, *www.frenchquarter.com*). Darüber hinaus gibt es zahllose mehr oder weniger unabhängige, meist themenorientierte Info-Seiten. Darüber hinaus gibt es zahllose mehr oder weniger unabhängige, meist themenorientierte Infoseiten. Outdoorfans können sich bei *www.gorp.com* über Hiking-, Biking-, Climbing- und Paddelmöglichkeiten im Süden informieren. An der Küche der Südstaaten interessierte Gourmets werden gern *www.southernfood.about.com* anklicken, während historisch und kulturell Interessierte auf Seiten wie *www.charlestonblackheritage.com/gullah.html* und *www.cajunculture.com* fündig werden. Zimmer sind oft preiswerter, bucht man sie online direkt beim Hotel oder aber auf Reservierungsseiten wie *www.hotels.ca*, *www.hotwire.com* oder *www.bookahotel.com*. Und die Wettervorhersage? Kein Thema – dank *www.weatherusa.net*!

INTERNETCAFÉS & WLAN

Um es gleich vorweg zu nehmen: In den USA sind Internetcafés eine aussterbende Art. Restaurants, Cafés, Züge, Hotels und Flughäfen, ja ganze Straßenzüge, Stadtviertel und sogar Städte sind zunehmend wireless – man geht davon aus, dass Sie mit eigenem Laptop unterwegs sind. Die Suche nach einem Internet- bzw. Cyber Café gestaltet sich deshalb immer frustrierender. Möglichkeiten, ohne eigenen Computer online zu gehen,

gibt es dennoch. Oft bieten öffentliche Büchereien *(libraries)* und die Businesscenter der Hotels Surfgelegenheiten. Die Gelben Seiten der Telefonbücher listen Internet- und Cyber Cafés. Diese lassen sich auch googeln: So führen die Stichworte "Miami Beach" und "Internet Cafés" zu zahlreichen nützlichen Links, darunter *www.miamibeach411.com/internet_cafes.html*.

WAS KOSTET WIE VIEL?

KAFFEE	**2 EURO**	für eine Tasse im Café
HOTDOG	**AB 1,80 EURO**	am Stand
WEIN	**4 EURO**	für ein Glas Wein
WASSER	**1,50 EURO**	für ein Glas Mineralwasser
BENZIN	**2,30 EURO**	für 1 gallon (3,79 l)
FRÜHSTÜCK	**ETWA 3,50 EURO**	im Coffee Shop

JUGENDHERBERGEN

Die Nacht in einem Haus der American Youth Hostels (AYH) kostet $ 15–40. Ein Adressverzeichnis für Jugendherbergen ist im Buchhandel erhältlich *(International Hostelling, Vol. 2)* sowie online unter *www.hiusa.org*. Auskunft über die preisgünstigen Heime der YMCA (für Männer) und der YWCA (für Frauen) erhalten Sie online unter *www.ymca.net* und *www.ywca.org*.

KLIMA & REISEZEIT

In den Südstaaten herrscht schon subtropisches bis tropisches Klima. Das bedeutet: sehr heiße, lange Sommer mit extrem hoher Luftfeuchtigkeit. Von Mai bis September ist durchgängig mit solchem Wetter zu rechnen. Sehr schön ist in den Appalachen der Herbst, auch *Indian Summer* genannt, wenn sich die Blätter verfärben, es noch warm, aber nicht mehr schwül ist, also im Oktober und November. Der Winter kann extreme Schneefälle bringen, besonders in den nördlicheren Südstaaten und den Bergregionen. Im südlichen Georgia, entlang der Golfküste und in Florida schneit es aber nicht. Statt dessen regnet es dort. Der Frühling kommt blitzschnell im März/April. Nur in Südflorida ist im Winter, also im Dezember und Januar, beständig schönes Wetter ohne Regen und bei nicht allzu heißen Temperaturen zu erwarten. Mit Ausnahme von Florida sind die angenehmsten Reisezeiten Frühsommer und Herbst.

MASSE & GEWICHTE

Auf den Straßen spult man Meilen (= 1,6 km) herunter, kauft Benzin in Gallonen (= 3,79 l) und schwitzt bei Fahrenheit: (0° C = 32° F, 15° C = 59° F, 20° C = 68° F, 25° C = 77° F).

MIETWAGEN

Zur Automiete genügt der nationale Führerschein. Leihwagen sind vor allem in Florida recht günstig (ab $ 35 pro Tag, $ 155 pro Woche). Fast immer sind die gefahrenen Kilometer inklusive *(unlimited mileage)*. Eine Vollkaskoversicherung *(loss/damage waiver)* wird separat mit mindestens $ 18 pro Tag berechnet. Mindestmietalter: 21 Jahre. Neben den großen Mietwagenfirmen gibt es viele kleinere Anbieter. Bei ihnen empfiehlt es sich, den Wagen vorher auf Defekte zu untersuchen und sich diese bestätigen zu lassen. Es ist meist preisgünstiger, den Wagen schon daheim zu reservieren und ihn am selben Ort wieder abzugeben, da sonst hohe Rückführgebühren fällig werden.

WETTER IN ATLANTA

Jan.	Feb.	März	April	Mai	Juni	Juli	Aug.	Sept.	Okt.	Nov.	Dez.
12	13	17	23	27	31	32	31	29	23	16	12

Tagestemperaturen in °C

Jan.	Feb.	März	April	Mai	Juni	Juli	Aug.	Sept.	Okt.	Nov.	Dez.
2	3	6	10	15	20	21	20	18	12	6	3

Nachttemperaturen in °C

Jan.	Feb.	März	April	Mai	Juni	Juli	Aug.	Sept.	Okt.	Nov.	Dez.
5	6	7	8	9	10	8	8	8	7	6	4

Sonnenschein Std./Tag

Jan.	Feb.	März	April	Mai	Juni	Juli	Aug.	Sept.	Okt.	Nov.	Dez.
10	9	8	8	6	9	10	10	6	6	7	9

Niederschlag Tage/Monat

PRAKTISCHE HINWEISE

NOTRUF

Fast überall in den Südstaaten gilt die gebührenfreie Notrufnummer *911.* Nur auf dem Land gibt es andere, am Münztelefon vermerkte Notrufe für Polizei, Feuerwehr und Notarzt.

POST

Postämter haben montags bis freitags von 9 Uhr bis 17 Uhr geöffnet, größere auch samstags von 8.30 Uhr bis 12 Uhr. Das Porto für Luftpostbriefe nach Europa beträgt 60 ¢, für Postkarten 55 ¢.

PREISE & WÄHRUNG

Währung ist der amerikanische Dollar (= 100 Cents). Es gibt Banknoten *(bills)* zu 1, 2, 5, 10, 20, 50 und 100 Dollar sowie Münzen *(coins)* zu 1 ¢ *(penny),* 5 ¢ *(nickel),* 10 ¢ *(dime),* 25 ¢ *(quarter)* und 50 ¢ *(half dollar).* Vorsicht: Alle Dollarnoten sind gleich groß, von gleicher grünlichgrauer Farbe und unterscheiden sich nur im Aufdruck! In den meisten Staaten wird auf Einkäufe und Verzehr eine Steuer (4–7 Prozent) erhoben. Diese *sales tax* taucht erst auf der Rechnung auf!

STROM

Die Netzspannung beträgt 110 V, ein Adapter ist nötig.

TELEFON & HANDY

Alle Telefonnummern in den USA sind 7-stellig, dazu kommt für Ferngespräche noch eine 3-stellige Vorwahl, der *area code.* Bei Ortsgesprächen wählen Sie nur die Nummer, bei Ferngesprächen innerhalb eines Vorwahlbereichs lediglich eine „1" vor der Nummer. Vorwahl nach Deutschland: 01149; nach Österreich: 01143; in die Schweiz: 01141, Vorwahl in die USA: 001.

Ortsgespräche kosten 25–35 ¢, bei Ferngesprächen gibt nach dem Wählen eine Computerstimme die Gebühr an. Wer nicht säckeweise 25-Cent-Stücke mitführen will, kann sich an jeder Tankstelle mit Telefonkarten zu fünf, zehn und 20 Dollar versorgen. Wer mobil telefonieren möchte, sollte sich bei seinem Netzbetreiber erkundigen, mit welchen Anbietern Roamingabkommen bestehen. Ein Gespräch nach Europa kostet etwa 2 Euro/Min.

ZEITZONEN

Eastern Time Zone (MEZ –6 Stunden) und *Central Time Zone* (MEZ – 7 Stunden). Sommerzeit gilt vom ersten Aprilsonntag bis zum letzten Okobersonntag.

ZOLL

Gegenstände für den persönlichen Bedarf sind zollfrei. Pflanzen, Wurst, Obst und andere frische Lebensmittel dürfen nicht eingeführt werden. Erlaubt sind pro Erwachsenen 200 Zigaretten oder 50 Zigarren oder 2 kg Tabak sowie 1 l Spirituosen, außerdem Geschenke bis zu einem Wert von $ 100.

Nach Deutschland und Östereich zollfrei eingeführt werden dürfen: 1 l Alkohol über 22 Prozent, 200 Zigaretten oder 100 Zigarillos oder 50 Zigarren oder 250 g Tabak, 50 g Parfüm oder 250 ml Eau de Toilette und andere Artikel im Gesamtwert von 175 Euro. Für Schweizer Staatsbürger gelten erheblich niedrigere Freigrenzen.

> DO YOU SPEAK ENGLISH?

„Sprichst du Englisch?" Dieser Sprachführer hilft Ihnen,
die wichtigsten Wörter und Sätze auf Englisch zu sagen

Aussprache

Zur Erleichterung der Aussprache sind alle amerikanischen Begriffe und Wendungen
mit einer einfachen Aussprache (in eckigen Klammern) versehen. Folgende Zeichen
sind Sonderzeichen:

- ə   nur angedeutetes „e" wie in bitte
- θ   [s] gesprochen mit der Zungenspitze zwischen den Zähnen
- '   die nachfolgende Silbe wird betont

■ AUF EINEN BLICK

Ja./Nein.	Yes. [jäs]/Yeah. [jie]/No. [no]
Vielleicht.	Perhaps. [pö'häps]/Maybe. ['mäibih]
Bitte.	Please. [plihs]
Danke.	Thank you. ['θänkju]
Vielen Dank!	Thank you very much.
	['θänkju 'wäri 'matsch]
Gern geschehen.	You're welcome. [jər 'wälkəm]
Entschuldigung!	Excuse-me! [iks'kjuhs 'mih]
Wie bitte?	Pardon? ['paərdn]
Ich verstehe Sie/dich nicht.	I don't understand.
	[ai dont andö'ständ]
Ich spreche nur wenig …	I only speak a little …
	[ai 'onli spihk ə litl]
Können Sie mir bitte helfen?	Can you help me, please?
	['kən ju 'hälp mi plihs]
Ich möchte …	I'd like … [aid'laik]
Das gefällt mir (nicht).	I (don't) like this. [ai (dont) laik_θis]
Haben Sie …?	Do you have …? [du ju 'häw]
Wie viel kostet es?	How much is this? ['hau'matsch is θis]
Wie viel Uhr ist es?	What time is it? [wɔt 'taim is it]

■ KENNENLERNEN

Guten Morgen!	Good morning! [gud 'moərning]
Guten Tag!	Good afternoon! [gud äftö'nuhn]
Guten Abend!	Good evening! [gud 'ihwning]
Hallo! Grüß dich!	Hello! [hə'lo]/Hi! [hai]
Mein Name ist …	My name's … [mai näims …]
Wie ist Ihr/Dein Name?	What's your name? [wots joər 'näim]
Wie geht es Ihnen/dir?	How are you? [haur'ju]

SPRACHFÜHRER ENGLISCH

Danke. Und Ihnen/dir?	Fine thanks. And you?
	[ˈfain θänks, ǝnd ˈju]
Auf Wiedersehen!	Goodbye!/Bye-bye! [gudˈbai/baiˈbai]
Tschüss!	See you!/Bye! [sih ju/bai]
Bis bald!	See you later! [sih ju ˈlätǝr]
Bis morgen!	See you tomorrow! [sih ju tǝˈmǝro]

■ UNTERWEGS ■

AUSKUNFT

links/rechts	left [läft]/right [rait]
geradeaus	straight ahead [sträit ˈǝhäd]
nah/weit	near [niǝr]/far [faǝr]
Bitte, wo ist …?	Excuse me, where's …, please?
	[iksˈkjuhs ˈmih ˈweǝrs … plihs]
der (Bus-) Bahnhof	the train/bus station
	[θǝ ˈträǝn/bass ˈstäischn]
die U-Bahn	the subway [θǝ ˈsabwä]
der Flughafen	the airport [θǝ ˈerpoht]
Wie weit ist das?	How far is it? [ˈhau ˈfar_is_it]
Ich möchte ein Auto mieten.	I'd like to rent a car
	[aidˈlaik tǝ ˈränt ǝ ˈkaǝr]
Ich habe eine Panne.	My car's broken down.
	[mai ˈkaǝrs ˈbrokn ˈdaun]
Gibt es hier in der Nähe	Is there a service station nearby?
eine Werkstatt?	[ˈis θeǝ_ǝ ˈsöǝwis stäischn ˈnirbai]
Wo ist die nächste Tankstelle?	Where's the nearest gas station?
	[ˈweǝs θǝ ˈniǝrist ˈgäs stäischn]
Ich möchte … Liter/	… liters/gallons of …
Gallonen [3,7l] …	[ˈlihtǝrs/gälǝns ǝw]
… Normalbenzin.	… regular, [regjulǝr]
… Super.	… premium, [primium]
… Diesel.	… diesel, [ˈdihsl]
… bleifrei/verbleit.	… unleaded/leaded, please.
	[anˈlädid/ˈlädid plihs]
Voll tanken, bitte.	Full, please. [ˈfull plihs]
Hilfe!	Help! [hälp]
Achtung!	Attention! [ǝ ˈtänschn]
Vorsicht!	Look out! [luk ˈaut]
Rufen Sie bitte …	Please call … [ˈplihs ˈkahll]
… einen Krankenwagen.	… an ambulance. [ǝn ˈämbjulǝns]

... die Polizei. ... the police. [θə pə'lihs]
Es war meine Schuld. It was my fault. [it wɔs 'mai 'fahllt]
Es war Ihre Schuld. It was your fault. [it wɔs 'johэr 'fahllt]
Geben Sie mir bitte Ihren Please give me your name and
Namen und Ihre Anschrift. address. [plihs giw mi joэr 'näim ənd
ə'dräs]

ESSEN/UNTERHALTUNG

Wo gibt es hier Is there a good restaurant here?
ein gutes Restaurant? ['is θeэr ə 'gud 'rästərahnt 'hiэr]
Reservieren Sie uns bitte Would you reserve us a table for four
für heute Abend einen for this evening, please? ['wud ju
Tisch für vier Personen. ri'söhw əs ə 'täibl fə 'fohr fə θis
'ihwning plihs]

Auf Ihr Wohl! Cheers! [tschiэrs]
Bezahlen, bitte. Could I have the check, please?
['kud ai häw θə tschek plihs]

EINKAUFEN

Wo finde ich ...? Where can I find ...?
['weэr 'kən ai 'faind ...]
eine Apotheke a pharmacy [ə farməssi]
eine Bäckerei a bakery [ə bэikəri]
ein Kaufhaus a department store
[ə di'partmənt stoэr]
ein Lebensmittelgeschäft a supermarket/grocery store
[ə 'supэr 'mahrkət/grosri stoэr]

ÜBERNACHTUNG

Können Sie mir bitte ... Could you recommend ..., please?
empfehlen? [kud ju ˌräkə'mänd ... plihs]
... ein Hotel/Motel ... a hotel/motel [ə ho'täl/mou'təl]
... eine Pension ... a B & B (bed & breakfast)
[ə bin bi (bed_n 'bräkfəst)]
Ich habe bei Ihnen ein I've reserved a room.
Zimmer reserviert. [aiw ri'söhwd_ə 'ruhm]
Haben Sie noch ...? Do you have ...? [du ju häw]
... ein Einzelzimmer ... a room for one [ə ruhm fə wan]
... ein Doppelzimmer ... a room for two [ə ruhm fə tu]
... mit Dusche/Bad ... with a shower/bath
[wiθ ə 'schauэr/'bähθ]
Was kostet das Zimmer mit ... How much is the room with ...
['hau 'matsch is θə ruhm wiθ]
... Frühstück? ... breakfast? ['bräkfəst]

> www.marcopolo.de/usa-sued

SPRACHFÜHRER

ARZT

Können Sie mir einen
guten Arzt empfehlen?
Can you recommend a good doctor?
[kən ju räkə'mänd ə gud 'daktər]

Ich brauche einen Zahnarzt.
I need a dentist. [ai nied ß 'dentist]

Ich habe hier Schmerzen.
I feel some pain here.
[ai fihl sßm päin 'hißr]

Ich habe Fieber
I've got a temperature.
[aiw got ə 'tämpritschə]

Rezept
prescription [prß'skripschn]

Spritze
injection/shot   [in'dschekschn/
schat]

BANK/POST

Wo ist hier bitte
eine Bank?
Where's the nearest bank?
[weərs θə 'niərist bänk]

   Bankautomat
   teller machine [telər maschin]

Ich möchte … Euro
(Schweizer Franken) in
Dollars wechseln.
I'd like to change … Euro
(Swiss Francs) into dollars.
[aid laik tə tschäinsch … juro ('swis
'fränks) 'intə 'dahllərs]

Was kostet …
How much is … ['hau 'matsch is]

   … ein Brief …
   … a letter … [ə 'lädər]

   … eine Postkarte …
   … a postcard … [ə postkahrd]

   … nach Europa?
   … to Europe? [tə 'juroup]

0	zero [siəro]	15	fifteen ['fif'tihn]	70	seventy ['säwnti]
1	one [wan]			80	eighty ['äiti]
2	two [tuh]	16	sixteen ['siks'tihn]	90	ninety ['nainti]
3	three [θrih]			100	a (one) hund-red ['ə (wan) 'handrəd]
4	four [fohr]	17	seventeen ['säwn'tihn]		
5	five [faiw]				
6	six [siks]	18	eighteen ['äi'tihn]		
7	seven ['säwn]			1000	a (one) thousand ['ə (wan) 'θausənd]
8	eight [äit]	19	nineteen ['nain'tihn]		
9	nine [nain]				
10	ten [tän]	20	twenty ['twänti]		
11	eleven [i'läwn]	21	twenty-one ['twänti'wan]	10000	ten thousand ['tän 'θausənd]
12	twelve [twälw]				
13	thirteen [θöh'tihn]	30	thirty ['θöhti]	1/2	a half [ə 'hähf]
		40	forty ['fohrti]	1/4	a (one) quarter ['ə (wan) 'kwohrtər]
14	fourteen ['foh'tihn]	50	fifty ['fifti]		
		60	sixty ['siksti]		

Outer Banks, North Carolina

> ## UNTERWEGS IN DEN USA SÜDSTAATEN

Die Seiteneinteilung für den Reiseatlas finden Sie auf
dem hinteren Umschlag dieses Reiseführers

REISE
ATLAS

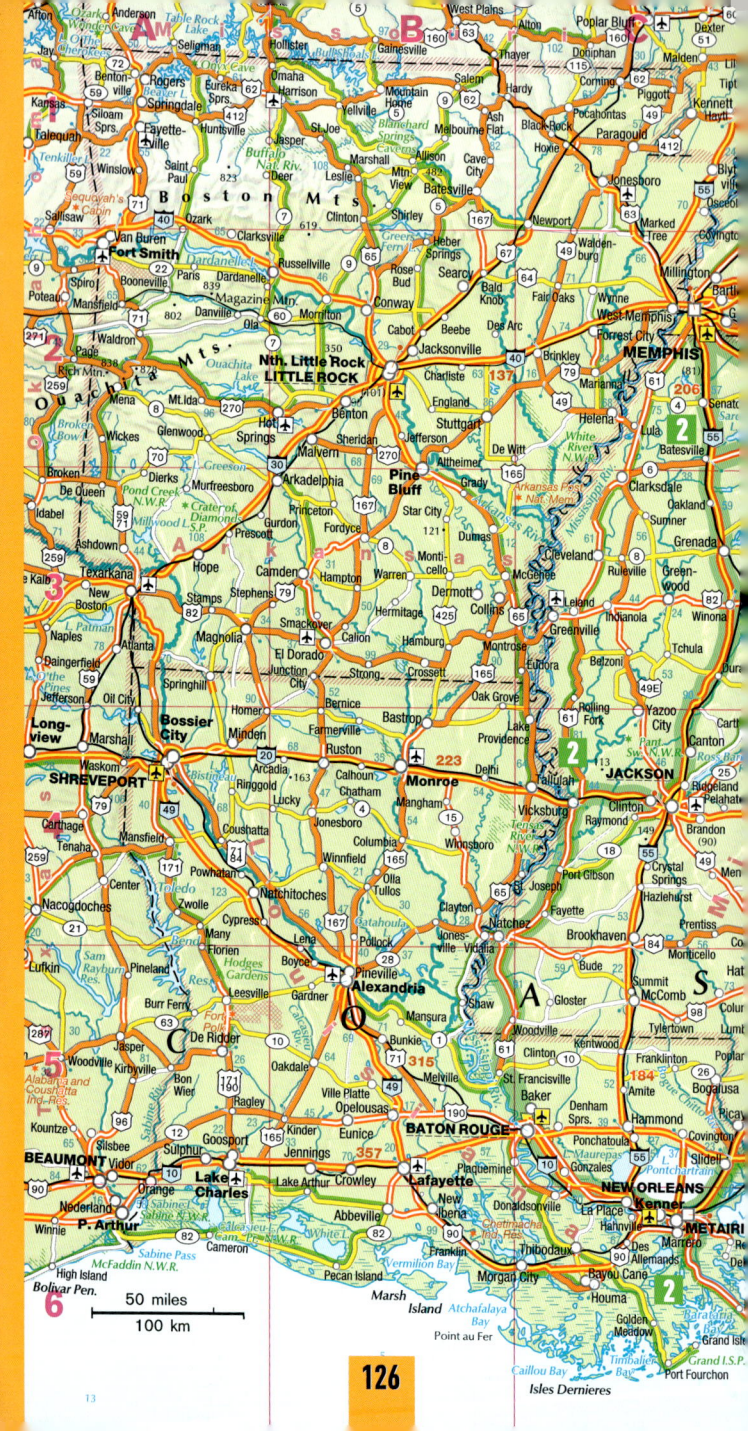

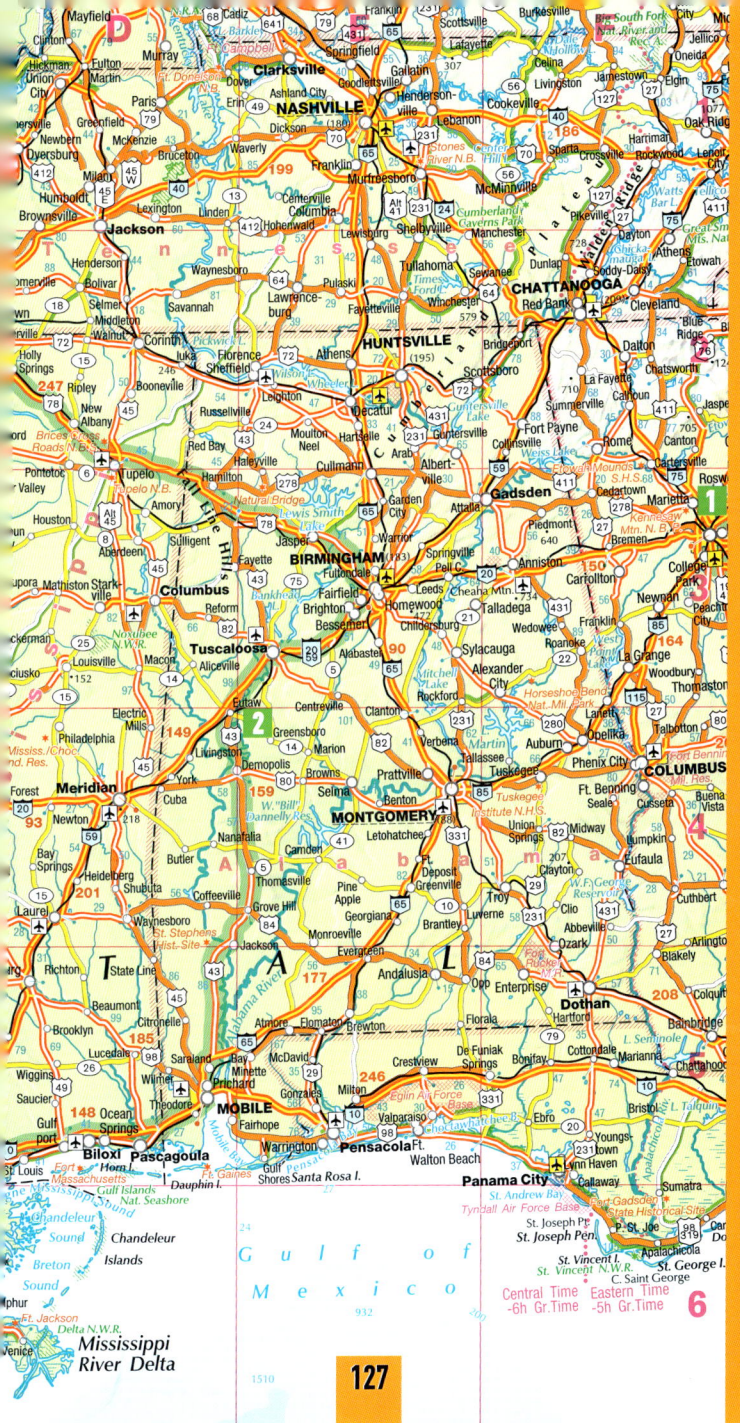

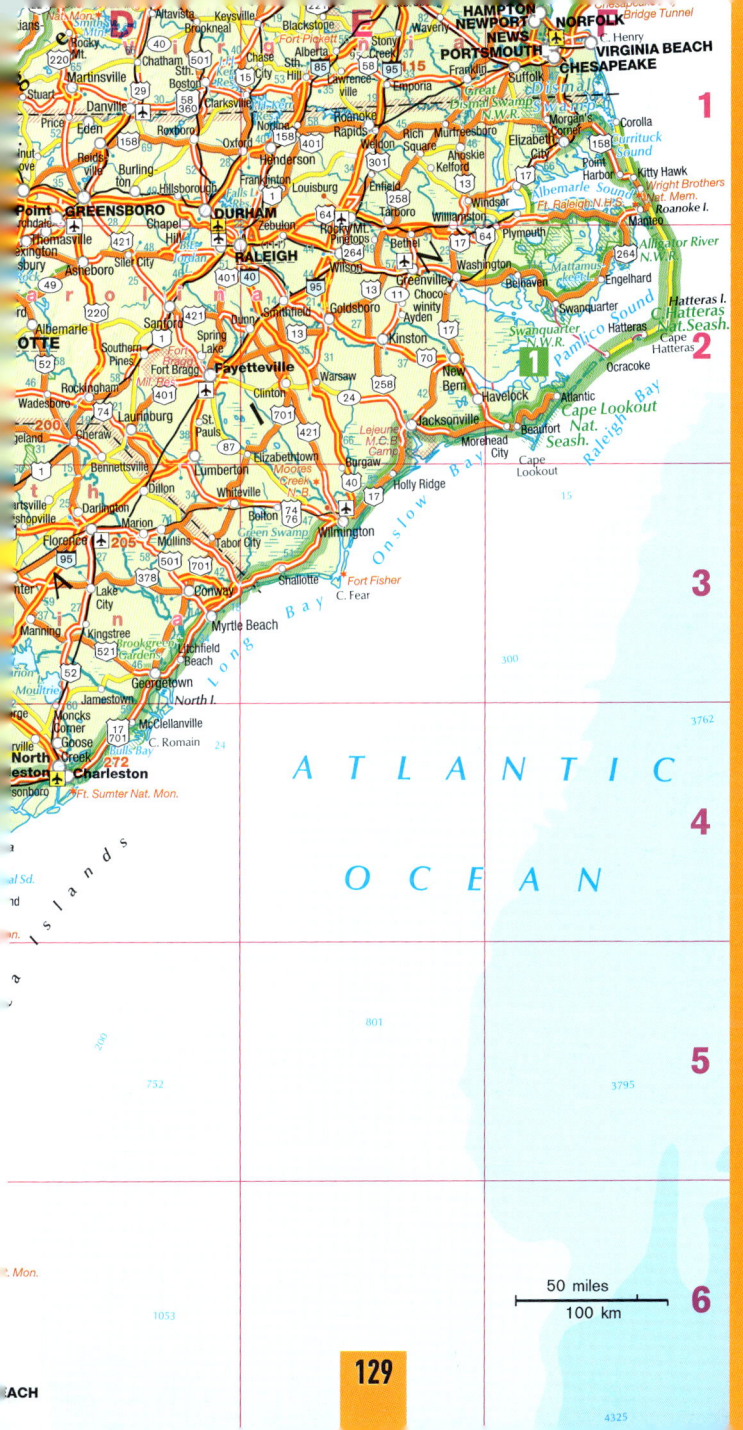

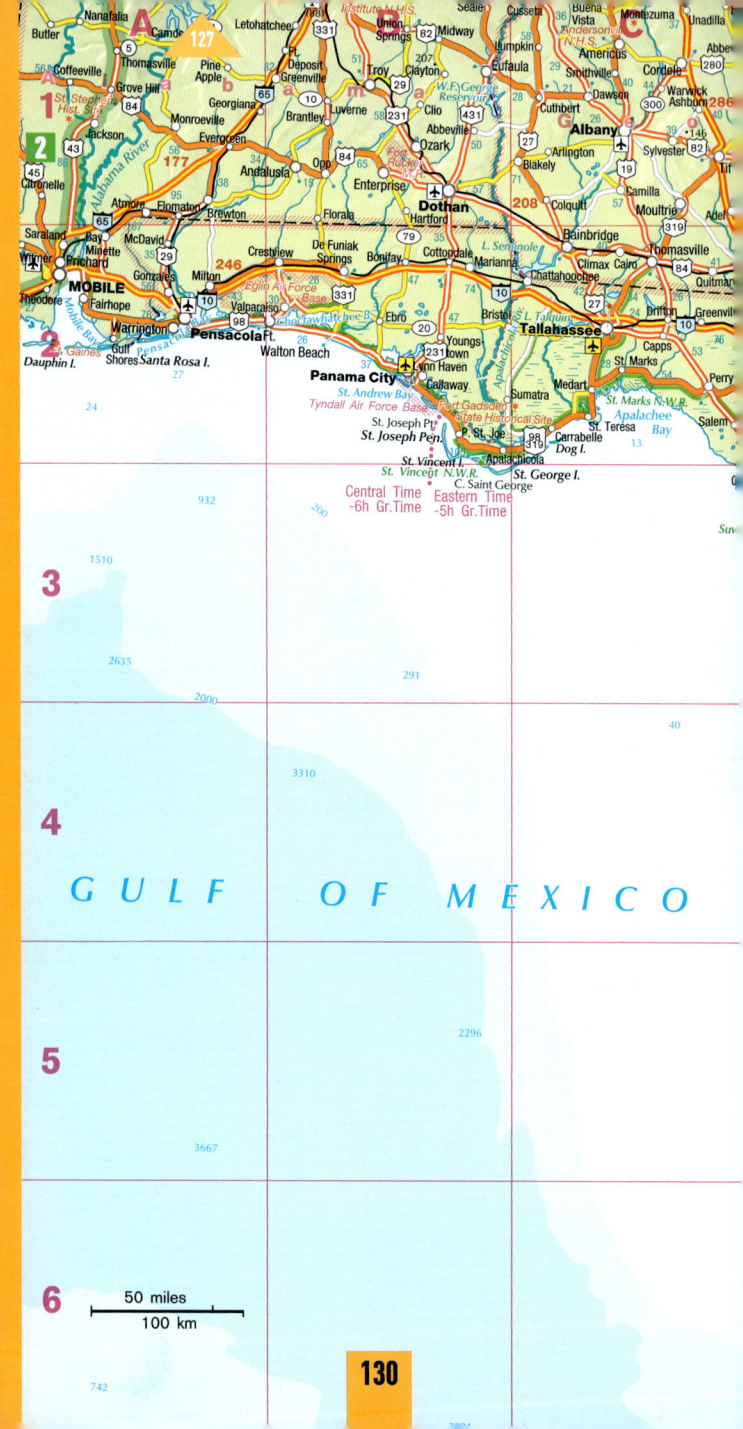

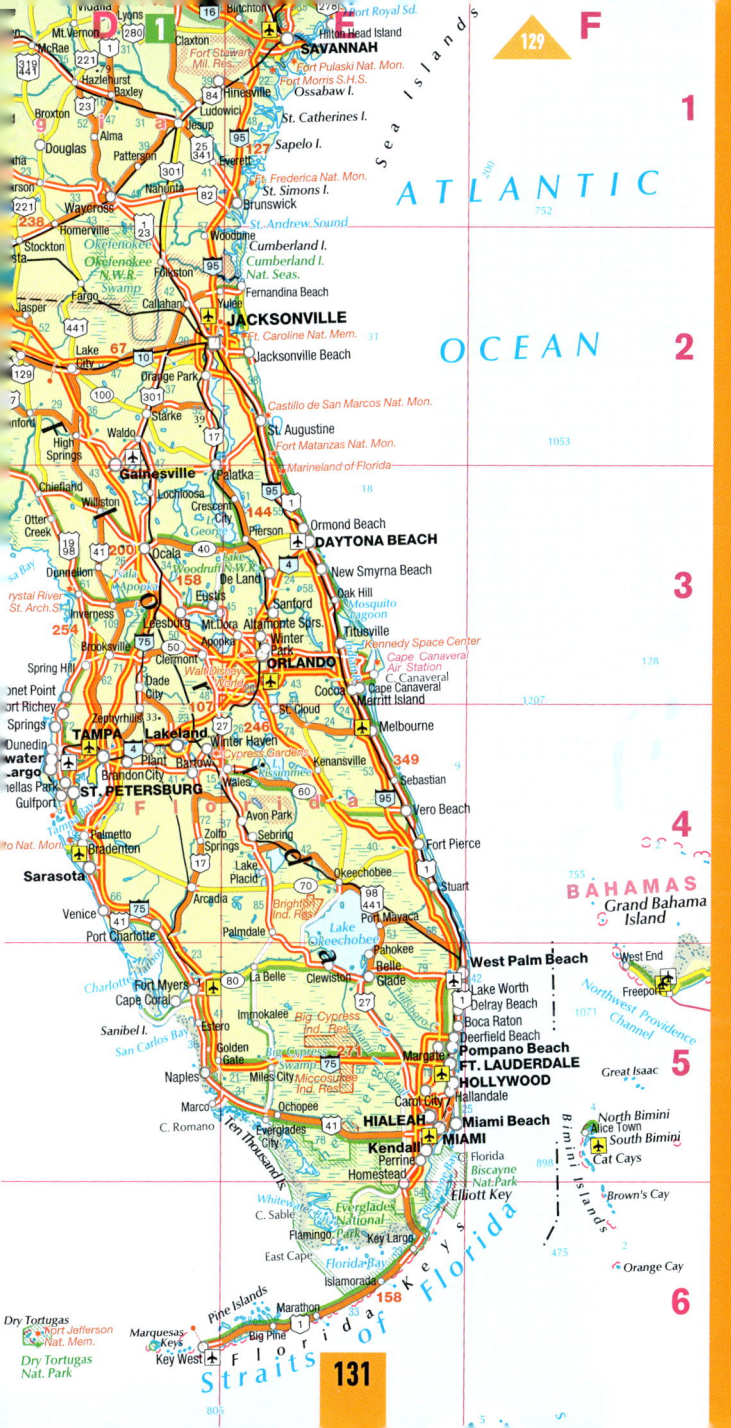

Great Smoky Mountains National Park

Maryville

Pigeon Forge

Gatlinbur
Sugarland
Visitor Cent

5 mi
5 km

Foothills Parkway

Tuchaleechee Cavern

CADES COVE MTS.

Abrams Falls

Laurel Creek Rd.

Elkmont Campground

Little River

BENT ARM

Cades Cove Campground

Cable Mill

Cades Cove Visitor Center

DEFEAT RIDGE

Parson Branch Rd. (Im Winter geschl.)

Calderwood Dam

TENNESSEE

NORTH CAROLINA

Appalachian Trail

PAW PAW RIDGE

PINNACLE RIDGE

Hazel Creek

WELCH RIDGE

Forney Creek

FORNEY

Fontana Dam

Cheoah Dam

Fontana Lake

Charleston
Historic District

Synagogue Street

Hassel

King Street

Pinckey Street

Guignard St.

St. Mary's

Hayne St.

Beaufain St.

North Market

Market City

South Market

Concord Street

East Bay Street

Market Street

South Carolina Port Authority Charleston-Union Pier Terminal

Market Street

Meeting Street

Church Street

U.S. Customs

Princess St.

Horlbeck Al.

Cumberland Street

Cone St.

Clifford St.

St. Philip's

Vendue Range

Waterfront Park

Archdale Street

King Street

Jacob's St.

Queen Street

Queen Street

Chalmers Street

State Street

Cordes St.

East Bay Street

St. John's

Four Corners of Law

Broad Street

Broad Street

Legare Street

Orange St.

St. Michael's Place

Elliott St.

Church Street

Old Exchange

Boyces Wharf

Tradd Street

Tradd Street

Legare Street

Prices Aly.

Stolls Alley

First Baptist

Hazel Parker Playground

Weims Ct.

Water Street

Ladson St.

Meeting Street

Gibbes St.

King Street

Lamboll Street

Atlantic St.

Church Street

East Battery

ATLANTIC

OCEAN

South Battery

White Point Park & Gardens

1 Gibbes Museum of Art
2 Circular Congregational Church
3 Old Powder Magazine
4 134 Meeting Street
5 Thomas Elfe Workshop
6 Dock Street Theatre
7 French Huguenot Church
8 Old Slave Mart
9 Hibernian Hall
10 Fireproof Building
11 S.C. Society Hall
12 Heyward-Washington House
13 First (Scots) Presbyterian Church
14 Nathaniel Russell House
15 Mile Brewton House
16 Calhoun Mansion
17 Edmondston-Alston House

0,2 mi
200 m

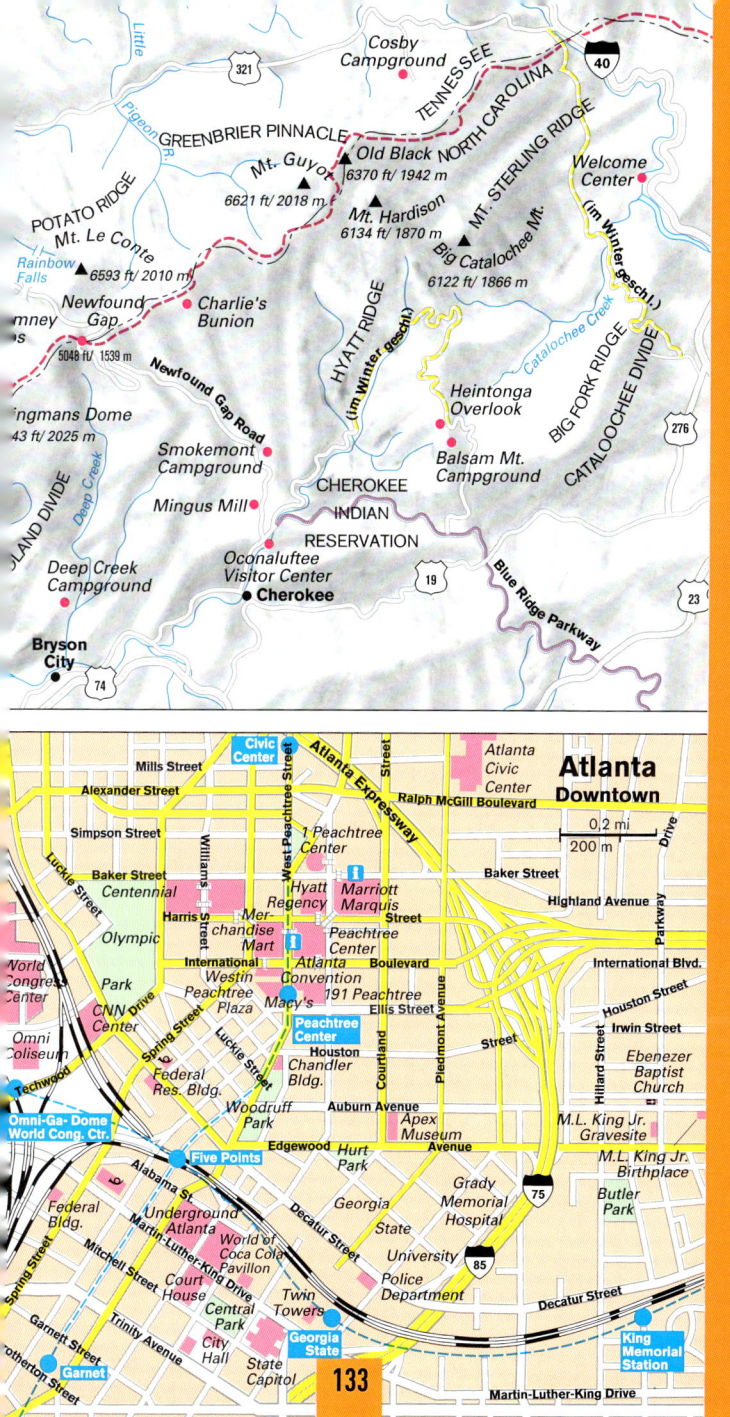

Autobahn, mehrspurige Straße - in Bau Highway, multilane divided road - under construction		Autoroute, route à plusieurs voies - en construction — Autopista, carretera de más carriles - en construcción
Gebührenpflichtige Straße - in Bau Toll road - under construction		Route à péage - en construction Carretera de peaje - en construcción
Fernverkehrsstraße - in Bau Trunk road - under construction		Route à grande circulation - en construction Ruta de larga distancia - en construcción
Hauptstraße Principal highway		Route principale Carretera principal
Nebenstraße Secondary road		Route secondaire Carretera secundaria
Fahrweg, Piste Practicable road, track		Chemin carrossable, piste Camino vecinal, pista
Straßennummerierung Road numbering	① 48 ① ㉖ 26	Numérotage des routes Numeración de carreteras
Entfernungen in mi. (USA), in km (CDN) Distances in mi. (USA), in km (CDN)	259 130 129	Distances en mi. (USA), en km (CDN) Distancias en mi. (USA), en km (CDN)
Höhe in Meter - Pass Height in meters - Pass	1365	Altitude en mètres - Col Altura en metros – Puerto de montaña
Eisenbahn - Eisenbahnfähre Railway - Railway ferry		Chemin-de-fer - Ferry-boat Ferrocarril -Transbordador para ferrocarriles
Autofähre - Schifffahrtslinie Car ferry - Shipping route		Bac autos - Ligne maritime Transbordador de automóviles - Ruta marítima
Wichtiger internationaler Flughafen - Flughafen Major international airport - Airport	✈ ✈	Aéroport importante international - Aéroport Aeropuerto importante internacional - Aeropuerto
Internationale Grenze - Provinzgrenze International boundary - Province boundary		Frontière nationale - Limite ou de província Frontera nacional - Frontera provincial
Unbestimmte Grenze Undefined boundary		Frontièr d'Etat non définie Frontera indeterminada
Zeitzonengrenze Time zone boundary	-4h Greenwich Time -3h Greenwich Time	Limite de fuseau horaire Límite del huso horario
Hauptstadt eines souveränen Staates National capital	WASHINGTON	Capitale nationale Capital de un estado soberano
Hauptstadt eines Bundesstaates Federal capital	BOSTON	Capitale d'un état fédéral Capital de estado
Sperrgebiet Restricted area		Zone interdite Zona prohibida
Indianerreservat - Nationalpark Indian reservation - National park		Réserve d'indiens - Parc national Reserva de indios - Parque nacional
Antikes Baudenkmal Ancient monument	∴	Monuments antiques Yacimiento arqueológico
Sehenswertes Kulturdenkmal Interesting cultural monument	★ Fort Kent	Monument culturel intéressant Monumento cultural de interés
Sehenswertes Naturdenkmal Interesting natural monument	★ Niagara Falls	Monument naturel intéressant Monumento natural de interés
Brunnen Well	‿	Puits Pozo
Ausflüge & Touren Excursions & tours		Excursions & tours Excursiones & rutas

Commerce Street, Nashville

REGISTER

Hier finden Sie alle im Reiseführer erwähnten Orte und Ausflugsziele, wichtige Sachbegriffe und Personen. Halbfette Seitenzahlen verweisen auf den Haupteintrag, kursive auf ein Foto.

IMPRESSUM

> SCHREIBEN SIE UNS!

Liebe Leserin, lieber Leser,

wir setzen alles daran, Ihnen möglichst aktuelle Informationen mit auf die Reise zu geben. Dennoch schleichen sich manchmal Fehler ein – trotz gründlicher Recherche unserer Autoren/innen. Sie haben sicherlich Verständnis, dass der Verlag dafür keine Haftung übernehmen kann.

Wir freuen uns aber, wenn Sie uns schreiben.

Senden Sie Ihre Post an die MARCO POLO Redaktion, MAIRDUMONT, Postfach 31 51, 73751 Ostfildern, info@marcopolo.de

IMPRESSUM

Titelbild: Saxofonspieler (Huber: Leimer)

Fotos: M. Braunger (Klappe Mitte, Klappe rechts, 2 l., 2 r., 3 M., 3 r., 4 r., 5, 8/9, 21, 22/23, 27, 29, 30/31, 32, 36, 39, 45, 48, 58, 63, 71, 73, 80, 84, 87, 88, 89, 91, 94, 96, 98, 100/101, 110/111, 135); Cucalorus Film Festival: Matt Dols (14 u.); Get This! Gallery: Lloyd Benjamin (15 u.); HB Verlag: Frischmuth (Klappe links, 61), Kiedrowski (42, 50, 52, 103), Raupach/Frischmuth (11, 22, 40, 113); O. Helmhausen (139); Huber: Bertsch (23), Leimer (1, 6/7), Romiti (106/107); © iStockphoto.com: Ian Bergeron (14 o.), Liv Friis-Larsen (104 u.r.), korhan isik (104 o.l.), Marcel Pelletier (14 M.), Doug Schneider (13 o.), eva serrabassa (105 o.l.), Abhishek Singh (105 u.r.), Nicola Stratford (104 M.r.), Jaimie D. Travis (104 M.l.), Brendan Veary (105 M.r.); Jules' Undersea Lodge (12 u.); Kiwah Island Golf Resort (15 o.); Laif: Heeb (16/17, 28, 34/35, 46/47, 65, 66/67, 68, 75, 76, 79, 82/83, 93), Hemispheres (109); Jason LeBlanc (12 o.); Look: age fotostock (18/19); Magic Tours: Stan Gallien (105 M.l.); Mauritius (3 l.); Mauritius: age (90), Foodpix (24/25), imagebroker (28/29), SuperStock (26); Nektar de Stagni: Martin Oppel (13 u.); T. Stankiewicz (55, 124/125); K. Teuschl (57); E. Wrba (4 l.)

7., aktualisierte Auflage 2009

© MAIRDUMONT GmbH & Co. KG, Ostfildern
Verlegerin: Stephanie Mair-Huydts; Chefredaktion: Michaela Lienemann, Marion Zorn
Autoren: Ole Helmhausen, Michael Schwelien; Redaktion: Manfred Pötzscher
Programmbetreuung: Cornelia Bernhart, Jens Bey
Bildredaktion: Silwen Randebrock, Gabriele Forst
Szene/24h: wunder media, München; Kartografie Reiseatlas: © MAIRDUMONT, Ostfildern
Innengestaltung: Zum goldenen Hirschen, Hamburg; Titel/S. 1–3: Factor Product, München
Sprachführer: in Zusammenarbeit mit Ernst Klett Sprachen GmbH, Stuttgart, Redaktion PONS Wörterbücher
Das Werk einschließlich aller seiner Teile ist urheberrechtlich geschützt. Jede urheberrechtsrelevante Verwertung ist ohne Zustimmung des Verlages unzulässig und strafbar. Das gilt insbesondere für Vervielfältigungen, Übersetzungen, Nachahmungen, Mikroverfilmungen und die Einspeicherung und Verarbeitung in elektronischen Systemen.
Printed in Germany. Gedruckt auf 100% chlorfrei gebleichtem Papier

FÜR IHRE NÄCHSTE REISE

gibt es folgende MARCO POLO Titel:

DEUTSCHLAND
Allgäu
Amrum/Föhr
Bayerischer Wald
Berlin
Bodensee
Chiemgau/Berchtes-
   gadener Land
Dresden/Sächsische
   Schweiz
Düsseldorf
Eifel
Erzgebirge/Vogtland
Franken
Frankfurt
Hamburg
Harz
Heidelberg
Köln
Lausitz/Spreewald/
   Zittauer Gebirge
Leipzig
Lüneburger Heide/
   Wendland
Mark Brandenburg
Mecklenburgische
   Seenplatte
Mosel
München
Nordseeküste
   Schleswig-
   Holstein
Oberbayern
Ostfriesische Inseln
Ostfriesland/
   Nordseeküste
   Niedersachsen/
   Helgoland
Ostseeküste
   Mecklenburg-
   Vorpommern
Ostseeküste
   Schleswig-
   Holstein
Pfalz
Potsdam
Rheingau/
   Wiesbaden
Rügen/Hiddensee/
   Stralsund
Ruhrgebiet
Schwäbische Alb
Schwarzwald
Stuttgart
Sylt
Thüringen
Usedom
Weimar

ÖSTERREICH | SCHWEIZ
Berner Oberland/
   Bern
Kärnten
Österreich
Salzburger Land

Schweiz
Tessin
Tirol
Wien
Zürich

FRANKREICH
Bretagne
Burgund
Côte d'Azur/
   Monaco
Elsass
Frankreich
Französische
   Atlantikküste
Korsika
Languedoc-
   Roussillon
Loire-Tal
Normandie
Paris
Provence

ITALIEN | MALTA
Apulien
Capri
Dolomiten
Elba/Toskanischer
   Archipel
Emilia-Romagna
Florenz
Gardasee
Golf von Neapel
Ischia
Italien
Italienische Adria
Italien Nord
Italien Süd
Kalabrien
Ligurien/
   Cinque Terre
Mailand/Lombardei
Malta/Gozo
Oberital. Seen
Piemont/Turin
Rom
Sardinien
Sizilien/
   Liparische Inseln
Südtirol
Toskana
Umbrien
Venedig
Venetien/Friaul

SPANIEN | PORTUGAL
Algarve
Andalusien
Barcelona
Baskenland/Bilbao
Costa Blanca
Costa Brava
Costa del Sol/
   Granada
Fuerteventura

Gran Canaria
Ibiza/Formentera
Jakobsweg/Spanien
La Gomera/El Hierro
Lanzarote
La Palma
Lissabon
Madeira
Madrid
Mallorca
Menorca
Portugal
Spanien
Teneriffa

NORDEUROPA
Bornholm
Dänemark
Finnland
Island
Kopenhagen
Norwegen
Schweden
Südschweden/
   Stockholm

WESTEUROPA | BENELUX
Amsterdam
Brüssel
Dublin
England
Flandern
Irland
Kanalinseln
London
Luxemburg
Niederlande
Niederländische
   Küste
Schottland
Südengland

OSTEUROPA
Baltikum
Budapest
Estland
Kaliningrader
   Gebiet
Lettland
Litauen/Kurische
   Nehrung
Masurische Seen
Moskau
Plattensee
Polen
Polnische Ostsee-
   küste/Danzig
Prag
Riesengebirge
Russland
Slowakei
St. Petersburg
Tschechien
Ungarn
Warschau

SÜDOSTEUROPA
Bulgarien
Bulgarische
   Schwarzmeerküste
Kroatische Küste/
   Dalmatien
Kroatische Küste/
   Istrien/Kvarner
Montenegro
Rumänien
Slowenien

GRIECHENLAND | TÜRKEI | ZYPERN
Athen
Chalkidiki
Griechenland
   Festland
Griechische
   Inseln/Ägäis
Istanbul
Korfu
Kos
Kreta
Peloponnes
Rhodos
Samos
Santorin
Türkei
Türkische Südküste
Türkische Westküste
Zakinthos
Zypern

NORDAMERIKA
Alaska
Chicago und
   die Großen Seen
Florida
Hawaii
Kalifornien
Kanada
Kanada Ost
Kanada West
Las Vegas
Los Angeles
New York
San Francisco
USA
USA Neuengland/
   Long Island
USA Ost
USA Südstaaten/
   New Orleans
USA Südwest
USA West
Washington D.C.

MITTEL- UND SÜDAMERIKA
Argentinien
Brasilien
Chile
Costa Rica
Dominikanische
   Republik

Jamaika
Karibik/
   Große Antillen
Karibik/
   Kleine Antillen
Kuba
Mexiko
Peru/Bolivien
Venezuela
Yucatán

AFRIKA | VORDERER ORIENT
Ägypten
Djerba/
   Südtunesien
Dubai/Vereinigte
   Arabische Emirate
Israel
Jerusalem
Jordanien
Kapstadt/
   Wine Lands/
   Garden Route
Kenia
Marokko
Namibia
Qatar/Bahrain/
   Kuwait
Rotes Meer/Sinai
Südafrika
Tunesien

ASIEN
Bali/Lombok
Bangkok
China
Hongkong/
   Macau
Indien
Japan
Ko Samui/
   Ko Phangan
Malaysia
Nepal
Peking
Philippinen
Phuket
Rajasthan
Shanghai
Singapur
Sri Lanka
Thailand
Tokio
Vietnam

INDISCHER OZEAN | PAZIFIK
Australien
Malediven
Mauritius
Neuseeland
Seychellen
Südsee